Monika Böss

Weihnachtsgeschichten aus Rheinhessen

Textnachweis

Die Texte „Was der Herr sich wünscht …“ und „Geschenke, die jede Frau erfreuen“ entstanden auf Grundlage eines Artikels aus der Wormser Zeitung vom 14. Dezember 1951. Bei dem Text „Weihnacht auf dem Lande“ handelt es sich um die aufgezeichneten Erinnerungen von Hildegard Eisfeller, geborene Fellenberger (1929–2005) aus Mörsfeld.

Bildnachweis

Die Bilder stammen aus dem Archiv der Autorin.
Coverfoto: dpa Picture-Alliance GmbH (Kurt Röhrig)

Dank

Ich danke Trudel Scheuer für den freundlichen gedanklichen Austausch und der Überlassung einiger Bilder aus ihrem Privatbesitz.

1. Auflage 2016

Satz und Layout: Christiane Zay, Potsdam
Druck: Zimmermann Druck + Verlag GmbH, Balve
Buchbinderische Verarbeitung: Buchbinderei S. R. Büge, Celle

34281 Gudensberg-Gleichen, Im Wiesental 1
Telefon: 0 56 03 - 9 30 50
www.wartberg-verlag.de
ISBN 978-3-8313-2933-5

Inhalt

Vorwort 4
Verlorene Bücher 5
Martinstag 9
„Feirischer Mann“ 13
Die Klumb 14
Laterne, Laterne … 20
Hausschlachtung 22
Die Schleif 28
Barbarazweige 30
Sankt Nikolaus 32
Nikolausabend 34
Alle Jahre wieder – Theater im Tanzsaal 37
Erbsenprinzessin im Advent 38
Alter Schmuck am Weihnachtsbaum 40
Nürnberger Lebkuchen und Mayonnaise-Salat 42
Was der Herr sich wünscht … 44
Geschenke, die jede Frau erfreuen … 46
Vorweihnachtlicher Bummel 47
Butterplätzchen und ein Hexenhaus 52
Weihnachtskatastrophen 55
Heiligabend 58
Damals bei uns daheim … 60
Weihnachten auf dem Lande 68
Bündelchestag … 70
Zwischen den Jahren bis Silvester 71
„Kappes“ und „Uzkarten“ 72
Dreikönige 75
Eisgänge 76

Vorwort

Rheinhessen, offene Landschaft, weiter Himmel – uraltes Kulturland. Die Dörfer, hingestreut in den Mulden, kahle Rebzeilen im kalten Wind, Stoppelfelder und vom Fluss ziehen die Nebel auf. Der Abend naht. „Feirische Männer“ ziehen durch Dorfstraßen. Rauch aus den Schornsteinen. Würzig brenzlig. Der Winter naht. Hoch zu Ross reitet Sankt Martin durch die Gassen.

Advent und in den Stuben brennen die Kerzen am Kranz. Besinnliche Zeit. Zu Sankt Barbara werden die Zweige geschnitten. Blühen sollen sie am Weihnachtstag. Sankt Nikolaus und Knecht Ruprecht klopfen an. Theaterspiel im alten Tanzsaal vom Dorfgasthaus. Die „kupfernen“, „silbernen“ und „goldenen“ Sonntage brechen an – geschäftiges Treiben und der „Adventsmetzger“ kommt vorbei.

Heilig Abend. Geschmückt ist der Weihnachtsbaum und die Stube erscheint im Festtagsglanz. Glockengeläut weit über das Land.

Zwischen den Jahren, ein ruhiges Verweilen. Freundliche Geselligkeit lebt auf.

Der Winter zieht vorbei. Das Eis im Altrhein ist brüchig geworden und bald werden sie wieder blühen, die gelben Tulpen am Petersberg.

Rheinhessen, das eine bewegte Geschichte und unruhige Zeiten aufzuweisen hat, ein Land am Strom, von großen Heerstraßen durchzogen, dessen Bewohner sich anzupassen lernten an Fremdes und Fremde, hat weniger Brauchtum aufzuweisen, als es Landschaften weitab der großen Straßen eigen sein kann. Viele Traditionen sind verloren gegangen und nur noch in der Erinnerung fassbar. Ein Nachhall ist so geblieben. Weihnachten, ohne Beigeschmack von Kitsch und Gefühligkeit, bleibt ein Sehnsuchtsort.

Alle Jahre wieder.

Monika Böss

Verlorene Bücher

Borromäusverein

Eine Institution in den katholischen Dörfern Rheinhessens, das sich bis weit in die 60er-Jahre als konfessioneller Flickenteppich darbot, stellte die „Borromäusbibliothek“ dar. Heute würde sie eine „katholische Medieneinrichtung“ genannt werden, damals war der „Borromäusverein“ in seinem eigenen Selbstverständnis ein Hort zur „Verbreitung guter Schriften“ – und für viele Kinder die Möglichkeit, ihre Freude am Lesen zu entdecken.

In den Gassen, buckliges Kopfsteinpflaster. Frühe Dämmerung. Höfe, in denen sich der Geruch der Trester mit dem Rauch von nassem Holz zu einem eingelösten Versprechen verband: der Sommer war vorbei, es war Herbst geworden.

Die Rathausuhr schlug die volle Stunde an. Rosi bog in den „Schlittweg“ ein. Rabenvögel lauerten in kahlen Obstbäumen. Kurze Äste griffen ineinander. Fallobst gärte auf feuchter Erde. Birnbäume waren es, und die Früchte waren süß.

Am Ende der Gasse, dort wo die Rübenfelder anfingen, befand sich das „Schwesternhaus“. Ordensfrauen der „Kongregation von der Göttlichen Vorsehung“ lebten darin.

Vorsichtig öffnete Rosi die Pforte. Im Hof warf ein alter Nussbaum seine hartschaligen Früchte ab und rot glänzende Hagebutten wucherten die Mauer entlang. Rosi fröstelte und ihre dicken Strümpfe kratzten. Neben dem Portal trat sie ihre Schuhe ab. Düster war es im Turm mit der steinernen Wendeltreppe, deren letzte Stufe vor einer schweren Tür aus Eichenholz endete.

Sie klopfte an und trat beherzt in die Bücherstube ein. Schade. In aufrechter Breite besetzte Hadeloga den Stuhl vor dem Tisch mit den Karteikästen. Kalt war es im Raum. Hadeloga wagte nicht den Ofen anzufeuern, da sie fürchtete die Flammen könnten herausschlagen „un de ganze Papierkram verzehre“.

Hadeloga war die Kindergartennonne und verhasst bei allen wilden Buben und kecken Mädchen im Ort. Buben verirrten sich selten in die Borromäusbibliothek. Sie tauschten ihre „Sigurd- und Akimhefte“ lieber auf dem Schulhof aus.

„Grüß Gott, Schwester Hadeloga!“, sagte Rosi mit lauter Stimme und schloss hinter sich die Tür.

„Hosch de aach saubere Schuh an?“, blaffte es zurück. Rosi nickte. Die dick eingepackte Nonne trug wollene Handschuhe, die an den Fingerspitzen aufgeschnitten waren – kleine, schwarze Tatzen.

Rosi wickelte drei Bände „Fünf Freunde“ aus dem Einkaufsnetz und legte sie vor Hadeloga hin. Der Holzboden im Raum war zertreten, rau zersplittert. Regale standen, gefüllt mit Büchern, die hohen Wände entlang und über dem Ofen mit der kalten Asche schaute Papst Pius aus dem Bilderrahmen herab. Askese pur.

Hadeloga, mit vor Kälte geröteten Wangen, ließ ihre tückischen Äuglein schweifen. Schwarze Tatzen griffen die Bücher an. Zuerst wurde der Einband geprüft – unverdächtig. Rosis Vater schlug die Bücher in Zeitungspapier ein. Nun begann das Durchblättern. Seite um Seite. Weder Eselsohr, Fettfleck, Strichmännchen oder gar eine zerrissene Seite entgingen ihr.

Bevor sie das Buch endlich zur Seite legte, blies sie es an als wolle sie ihm eine Krankheit austreiben. Das sei wegen des Staubes, erklärte sie, denn Bücher wären Staubfänger.

Aus dem Holzkästchen zog sie Rosis Lesekarte und strich mit einem kräftigen Ruck die zurückgebrachten Bücher aus. Überstanden – die ganze Zeit über hatte Rosi den Atem angehalten.

Sie ging suchend die Regale entlang. Pearl S. Buck, Gertrud von Le Fort, Jakob Kneip, Hermann Löns, Theodor Storm, Gottfried Keller, etwas Hölderlin, ein wenig Schiller und viel Karl May. Sie war vor dem Giftschrank angekommen, wozu einzig nur Hadeloga den Schlüssel besaß. Agatha Christies „Mausefalle" grinste heraus – für Rosi unerreichbar. Sämtliche Bände „Karl May", in Büffelhaut gebunden, behauptete Hadeloga. Bei den Heiligenlegenden wäre es Schweinsleder, erstklassig verarbeitet. „Die fünf Freunde" steckten in Leinen broschiert.

„Dolly – Hochzeit auf Burg Möwenfels" von Enid Blyton. Rosi begann die erste Seite zu lesen. Es gefiel ihr, sie würde das Buch ausleihen. Im Hintergrund schmatzte Hadeloga an einer Lakritze.

Jetzt erhob sie sich zu ihrer vollen Masse. „Nächst Woch kimmt ne neue Ladung Bücher. De Kaplan mistet aus!"

„Derfe mir die aach ausleihe?"

„Jo, wenn ich se iwwerprüft hab!"

„Komme do vun welche in de Giftschrank rin?"

„Weeß ich mit was sich so en Iwwergescheiter wie de Kaplan beschäftige duud? Dääd mich nit wunnere, wenn do ebbes vun uff em Index steht!"

„Was is en das?"

„Ketzerei!"

Rosi starrte Hadeloga an, in deren Mundfalten sich ein schlaues Lächeln versteckt hielt, während ihre Fingertatzen den Karteikasten durchwühlten.

Ketzerische Bücher! Friedlich standen sie in den Regalen. Staubfrei gepustet, fettfingerlos und unversehrt. Ketzerei! Was immer das auch war.

Ein Schleier abendlicher Wolken senkte sich über Hadelogas Mienenspiel. Die Kälte im Raum ließ ihren Atem sichtbar werden. „Es kimmt keener mehr!“, seufzte sie, „sin all zu faul zum Lese!“ Sie trug die beiden Bücher mit ihrer etwas flüchtigen Handschrift in Rosis Lesekarte ein. Rosi steckte die Bücher in das im Handarbeitsunterricht gehäkelte Netz, und Hadeloga löschte das Licht in der Bücherstube. Ein weiches Bett, Zuckerwerk und Liebesromane erwarteten sie in der Kammer über dem Saal der „Kinderschule“. Der Nussbaum wachte vor dem Fenster über ihren gesunden Schlaf.

Nacht war es geworden. Rosi lief durch stille Gassen, Bücher im gehäkelten Netz. Sie nahm die Abkürzung zwischen den eng stehenden hohen Scheunen. Der Pfad öffnete sich zu den Gärten hin, vorne die kleine Brücke über den Bach. Zwei Buben kamen ihr entgegen: Der dicke Walter stellte Rosi ein Bein, sodass sie stolperte und das Netz mit den Büchern ins Wasser fiel. Als die Strömung es fortriss, rannten die Buben lachend davon.

Rosi lief bis zum Rechen vor. Irgendwo dort in der Dunkelheit hatte sich das Netz verhakt. Tränen sprangen ihr in die Augen. Sie dachte an die Papierschiffe, die Märchenflotte, die sie im Sommer treiben ließen. Untergegangen sind die gefalteten Boote zwischen den Steinen. Papier verträgt das Wasser nicht.

Verlorene Bücher! Sie würde viel Mut brauchen …

Martinstag

Marianische Frauenkongregation

Eine 1563 vom Jesuitenpater Jean Leunis gegründete kirchliche Vereinigung, der zu Beginn nur Männer angehörten. Ab 1751 entstanden die ersten Marianischen-Frauen-Kongregationen, deren Ziel die Marienverehrung war. Die Mitglieder verfolgten ein aktives Laienapostolat.

Tresterberge gärten in den Winzerhöfen. Ein süß-säuerlicher Duft hatte sich über das Dorf gelegt.

Manchmal fiel zu Sankt Martin schon der erste Schnee.

Über Jahrhunderte war der Martinstag der Abschluss des bäuerlichen Wirtschaftsjahres, der Termin für Zins- und Pachtzahlungen. Vielfach hatte sich an die Zinszahlung des Martins-Tages ein Volksfest angeschlossen, das einen tüchtigen Schmaus einbezog und mancherorts kam am Martinsabend tatsächlich ein Gänsebraten auf den Tisch. Geselligkeit und Nachdenklichkeit bestimmten das Ereignis.

So traf sich auch die „Marianische-Frauen-Kongregation“ eines rheinhessischen Dorfes am Martinsabend, um in launiger Gemütlichkeit einen Gänsebraten zu verzehren.

Gebratene Gans und süffiger Wein. Wer draußen ist, soll draußen bleiben. Der Nachtwind zappelt in den Bäumen und in der Erkerstube vom Lindenhof prasselt im Ofen ein starkes Feuer.

Settchen Merz fehlt im erlauchten Kreis. „Wenn es weiter so oft de Schnuppe kriegt, verfällt es noch dem Suff“, erklärt Justina Kau grimmig. Zur „Abtötung der Bazillen“ trinke Settchen eifrig Wacholderschnaps.

„Das liegt bei des Merze drin!“, meint Salome Lamby.

Verlegenes Schweigen. Das Thema ist heikel. Stammen sie doch alle irgendwie von Trinkern ab. Gleich einer unheilbaren Krankheit, einem zugeteilten Los, wird es wie eine Schicksalsfügung hingenommen.

Mit näselnder Stimme beginnt Justina die „Legende vom Heiligen Martin“ vorzulesen. Eine viel zu lange Geschichte. Agathe gähnt. Salome schlummert ein. Luise denkt an die gebratene Gans mit der Kastanienfüllung. Marie scharrt unruhig mit den Füßen. Endlich hat Martin seinen Mantel geteilt. Justina klappt das Buch zu.

Die Tür zur Stube öffnet sich. Aurelie Rickes, in weißer Schürze mit gestärktem Spitzenaufsatz, bringt auf einer silbernen Platte die gebratene Gans, verziert mit Petersiliensträußchen, herein.

„De Rotkohl un die Gepellte komme gleich!“, sagt sie lächelnd.

„Hosch de das alles allein gekocht, Aurelie?“, will Luise wissen.

„Nee, die alt Etze war do!“

„Die Etze Hanni, schafft die noch fer eich, Marie?“, wundert sich Justina.

„Nur heit!“

Marie beginnt das von Aurelie verursachte Aufsehen zu verdrießen. Ein ernstes Wörtchen wird sie mit ihr reden müssen. Sie liebt es Ermahnungen zu erteilen. Mit einer raschen Handbewegung scheucht sie das junge Mädchen aus der Stube.

Feldkapelle mit Kastanie in herbstlicher Landschaft.

Hauswirtschaft lernt Aurelie auf dem Lindenhof, doch Marie kocht nie. Dafür schaut die ehemalige Magd Hanni vorbei. Eine Zauberin am Herd ist sie.

Salome Lamby hüstelt und schwitzt. Sie legt ihre Jacke ab, nestelt das Mieder auf. Ein Gemisch aus Schweiß und parfümierter Seife schwebt aufdringlich durch die trockene Stubenluft. „Macht jemand das Fenster uff?", befiehlt Marie. Agathe eilt. Nächtliche Kühle flutet den Raum. Marie schöpft dreimal tief Luft. „Macht jemand das Fenster zu?" Agathe eilt.

Artig wird sich dem Gänsebraten gewidmet. Das Kratzen der Messer durchschlägt die Stille. Wenn sich Marie über den Teller beugt, kommen ihr Messer und Gabel gefährlich nahe. Träge lutscht Salome die Röhrenknochen ab.

Der Abend gefällt Marie gar nicht mehr. Um sie her futtern sie munter weiter. Die Füllung im Gänseleib und der Silvaner im Glas werden gelobt. Gibt es nichts Wichtigeres? Der kleine Teufel Überdruss knistert. Düster wirkt die Stube im flackernden Lampenschein. Salome ist eingeschlafen. Schmollend starrt Marie vor sich hin. Aus ihrem dramatischen Werk „Cäcilia" hatte sie vortragen wollen. Sie glaubt, eine große Dichterin schlummere in ihr.

„Ich mach mich heem", erklärt Justina.

„Jo, rennt all weg!", murrt Marie.

Justina erinnert noch an das morgige Begräbnis der Spargel-Appela und da hat es Luise plötzlich eilig aufzubrechen. Die Totenmesse in der Frühe will sie nicht versäumen.

Marie dehnt sich auf dem Sofa aus. Salome schlürft Kaffee. Ein kräftiges Rülpsen stößt sie aus. Rötlich wirbelt ihr das krause Haar um den breiten Schädel. Huldvoll entlässt Marie nun auch Agathe. Sie üben sich in Vornehmheit. Kleine Patzer schleichen sich ein. Sie beobachten sich genau.

Etwas Zermürbendes wühlt in Marie – jetzt wo auch Salome weg ist. Den Gänsebraten haben sie alle gelobt. Doch keine wollte ihre Verse hören. Nicht einmal Agathe, die doch ein gebildetes Frauenzimmer sein will. Wie so oft hielt sie ihr faules Maul. Stockfisch! Der Stapel Papier grinst sie an. Nein, so kann sie keine Nachtruhe finden.

Aurelie kommt in die Stube gehuscht. „Soll ich abräume, Fräulein Bonnet?"

„Nee, hock dich hin un hör zu!“

Unwillig folgt Aurelie der Aufforderung.

„Cäcilia, oh Jungfrau, wo weilest du? Trete hervor aus dem Wolkenmeer …!“ Ein lärmender Vortrag ist es. Aurelie unterdrückt ein Gähnen.

„Hosch de alles verstanne?“

„Ich bin müd!“

Marie lässt das Blatt sinken. „Mach dich ab!“

Geschmeidig schlüpft Aurelie aus dem Raum. Das Gereimte hat sie längst auswendig gelernt und an der Theke vom „Grünen Baum“ wird die „Cäcilia“ eifrig deklamiert. Keiner versteht es so gut wie der Metzgergeselle Uwe, mit dem sie sich heimlich verlobt hat.

„Feirischer Mann“

Der Monat November war auch die Zeit des „Feirischen Mannes“. Einer möglichst großen Dickrübe, „die Klumb“, schnitt man zunächst ein Stück als späteren Deckel ab und höhlte danach mit Messer und Löffel die Rübe aus. Zu guter Letzt wurde ein Gesicht in die äußere Haut der ausgehöhlten Rübe geschnitzt. Fertig war der „Feirische Mann“, der dann auf einer Stange – meist einem Besenstiel – durch das Dorf getragen wurde. Die Kerze auf dem Rübenboden erzeugte ein orange-rotes Licht. Schön grausig sollte er sein, der „Feirische Mann“.

Gern wurde dabei auch das Lied vom „Feirische Mann“ gesungen – ein grölender Gesang war es meist:

„Feirischer Mann, feirischer Mann,

hockt hinnerm Ofe, raacht sei Klowe,

sitzt hinnerm Dich

frisst sei sauere Fisch.“

Ende der 50er-Jahre zogen die letzten „feirischen Männer“ durch die Orte. Der Brauch verschwand, wurde durch die lieblichen Laternenumzüge an Sankt Martin abgelöst.

Die Klumb

In der Dämmerung stand Gisela am Eingang zum Katzengässchen, das leicht abschüssig zum Dorfgraben hin verläuft. Auf einem Besenstiel hatte sie ihren „Feirischen Mann“ stecken. Eine grässliche Fratze hatte der Desoi-Opa in die dicke Futterrübe geschnitzt – schmale Augen und ein klaffender Mund. In seinem Acker draußen in den Salzflecken hatte er die Rübe gefunden. „Die Klumb do kriegt die Herta nit“, hatte er gemeint, „das gibt dein feirische Mann, Gisela!“ Die Brabanter Stute Herta war der letzte Kaltblüter im Stall vom Winzer Desoi. Langsam verschwanden die Pferde aus dem Dorfleben.

Gisela hatte sich mit Lolita Schmitt verabredet. Am Eingang zum Katzengässchen wartete sie auf sie. Zusammen wollten sie mit ihren Rübengeistern durch das Dorf ziehen. Der „Feirische Mann“ ließ sein rotes Glutlicht leuchten. Ein boshaftes Grinsen war es. Es stimmte schon, dass der Desoi-Opa die schönsten Rübengeister schnitzen konnte. Er erzählte Gisela, wie sie als Kinder durch das Dorf gestreift waren, sich in den Ecken versteckt hatten, um die Mädchen zu erschrecken. Gegrölt hätten sie das Lied vom „Feirische Mann“, das schaurig geschallt habe in den leeren dunklen Dorfgassen.

„Un die Mädcher? Hatte die Angst gekriegt?“

Ihr Opa lächelte. „Nit so aarisch!“

„Warum?“

„Weil se aach Feirische Männer gehabt hatte!“

„Un do seid ihr weggerennt?“

Er nickte. „Jo, dei Oma hot en halbe Rübedeifel uff em Stecke sitze gehabt!“

Da mussten sie beide lachen. Die Desoi-Oma soll eine wilde Hummel gewesen sein. Schade, sie hatte sie kaum gekannt.

Wo nur Lolita blieb? Hüpfendes Lichtergleißen am Ende vom Katzengässchen. Es zogen schon welche umher. Endlich öffnete sich die Tür zum Schmitte-Haus, einem schiefen Gemäuer mit blätterndem Putz. „Du Lump vun de Lumpe, du Oberlump!“, plärrte die Schmitte-Erna ihrem Adam hinterher. Wie ein flüchtender Schatten entwich er Richtung Dorfgraben. Und endlich kam auch Lolita. Gisela hob ihren Besenstiel samt Rübengeist hoch.

„Wo hosch en dei feirische Mann, Lolita?“

„Deiner reicht!“

Schlau war Lolita, frühreif und robust. Anführerin, Anstifterin, Aufrührerin, all das steckte in ihr. Manchmal wäre Gisela gern wie sie gewesen.

Vom Katzengässchen aus bogen sie in die Burgstraße ein. Große Winzeranwesen standen in der Gasse Spalier. Geschlossene Hoftore und leere Fensterbänke ohne Blumenschmuck. Im „Espenhof" war Gisela zu Hause.

Eigentlich waren Gisela und Lolita mit ihren dreizehn Jahren schon aus dem Alter raus, um mit einem „Feirischen Mann" durch das Dorf zu laufen. Sie merkten es, als eine Gruppe kleiner Buben aus dem Reil herausgestürmt kam. Die Messdiener vom Kaplan Huber waren es.

Sie hatten den Steg am Bach erreicht. Weißliche Dünste lagen über dem Wasser. „Mei Onkel is do drin ersoffe!", sagte Lolita.

„In der Spuckpfütz?"

„Vorne an de Kurv is ne Kuhle!"

Sie saßen auf dem Brückengeländer. Aufrecht hielt Gisela ihren Rübengeist. Ein guter Platz. Abwarten, wer da kommen würde! So richtig wohl fühlte sie sich dennoch nicht. Sie musste an die Kuhle und an den ertrunkenen Schuster Schmitt denken, als sich zwei Gestalten näherten.

„Mein Alter!" Lolita zog Gisela vom Brückengeländer hinunter auf den schmalen Pfad am Bach.

Adam Schmitt taumelte mit der Kuh-Anna im Arm über den Steg. „Do hockt en Geist im Gebüsch drin!", grölte Anna auf die leuchtende Rübe unten am Bach zeigend.

„Der duud dir nix!"

„Ich fürcht mich, Adam!"

„Bisch verrickt!"

„Jo, sunst dääd ich nit mit dir rumrenne!"

Die Stimmen wurden lauter, griffen ineinander. Ein Streit brach aus, derbe Worte fielen.

Ungemütlich feucht war es für Gisela und Lolita im Pfad zwischen Brennnesseln und Brombeerranken.

Adam und Anna waren weitergezogen und der Steg frei. Nebelfetzen schlüpften aus den Büschen, stiegen über der Böschung auf. Ein einsames Licht stach durch die Finsternis – verirrte Schatten, leuchtende Fratzengeister.

Am alten Judenfriedhof bogen sie in die Mühlgasse ein. Ein Stück Feld mit gärendem Obst unter den Bäumen. Im matten Schimmer lag drüben der Weiher. Ein wenig flackerte die Kerze noch im Rübengeist, dann war sie erloschen und der „Feirische Mann" nichts weiter als eine durchlöcherte Rübe auf einem Besenstiel.

„Stockdunkel!", murrte Lolita, „mir falle noch in de Deich rin!"

„Kannsch de schwimme?"

„Nee!"

Ein sumpfiges Gewässer war der halb verlandete Mühlteich. Dunkel bäumten sich die Gemäuer der verlassenen Mühle auf. Es raschelte im Gebüsch. Gisela hielt den Atem an. Gerade rissen die Wolken auf. Ein voller Mond warf fahles Licht in breiten Bahnen über die Landschaft. Sie hatten die Steinerne Brücke über den Mühlenkanal erreicht. Ein abseitiger Ort inmitten der weiten Flusslandschaft.

Plötzlich glaubte Gisela überall leuchtende Punkte zu sehen. Lolita sagte, das seien die Faulgase aus dem Teich. Sie kannte sich aus, weil ihr Vater auf den Schutthalden nach Altmetall suchte. Manchmal brannten die Müllberge. Tagelang entstiegen beißende Rauchwolken den Kanalkratern.

„Eklig!“, sagte Gisela. Sie fürchtete, dass sich bald wieder Wolken vor den Mond schieben und sie dann vollends in der Finsternis auf der Brücke festsitzen könnten.

„He, hörst de das aach, Gisela?“

„Jo!“

„Driwwe vun de Mühl kimmt es her!“, flüsterte Lolita.

Ein leises Klirren. Ein andauerndes Scharren und Reiben.

„Haue mir ab, Lolita!“

„Wart!“

Sie lauschten in die Nacht. Der Mond hatte sich wieder verkrochen. Es war kein guter Ort, hier in der Ebene bei der untergegangenen Mühle.

„Hallo!“, rief Lolita in die Nacht. Eine hallende Stille antwortete ihr. Nirgendwo erschien ein Rübengeist. Plötzlich, abgerissene Laute und das Knacken der Äste. Aus dem Dunkel löste sich eine Gestalt.

„Was treibt ihr en do?“ Der Huber Franz stand vor ihnen.

„Nix!“, erwiderte Lolita.

„Sucht ihr was?“

„Dich nit!“

„Uff's Maul gefalle bisch de nit, gell?“

Weitere Gestalten tauchten auf. Die Betze-Buben und die Karoline aus der alten Abdeckerei. „Was wolle die Kinner do?“, wunderte sich die Karoline.

„Mit ihre Steckegeister renne se rum!“, murrte der Huber Franz und der Betze Karl schimpfte: „Solle im Kaff driwwe bleibe!“

„Das is jo Desois Gisela!“, rief Karoline erstaunt aus.

Nun ergriff der Huber Franz wieder das Wort. „Ab mit eich!“

Das Licht seiner Taschenlampe glitt über das Feld. „Driwwe is de Pfad!“

Schweigend bahnten sie sich den Weg durch die Dunkelheit. Endlich hatten sie die Straße erreicht. Den Stecken mit dem Rübengeist schleifte Gisela hinter sich her.

„Was mache die do bei de Mühl, Lolita?“

„Klaue!“

„Die sin sauer uff uns, gell?“

„Dene ihr Sach! Awwer mir sin zu alt fer den Quatsch, Gisela!“

„Was?“

„Mit em Feirische Mann rumzurenne!“

„Awwer …!“

Als Gisela viele Jahre später einen ausgeöhlten Kürbis in die Toreinfahrt vom Weingut Desoi stellte, musste sie plötzlich an einen längst vergangenen Tag denken: die dunkle Dorfgasse, der Reil und der Steg über den Bach, der schaurige Mühlteich und die Vaganten aus der alten Abdeckerei. Behütet war ihre Welt gewesen, damals. Und doch ging die Kindheit vorbei. Im Jahr darauf trug sie keinen feurigen Mann mehr auf dem Besenstiel durch das Dorf.

Laterne, Laterne ...

Martinsfest

Der heutige Brauch des Martinsfestes mit Laternenumzug, dem Ritt des Heiligen, einem Martinsspiel und dem Beschenken der Kinder mit Bretzel, „Weckmann" oder anderem süßem Hefegebäck, entstand um die Jahrhundertwende im Rheinland und breitete sich von dort aus rasch auch in den Gemeinden Rheinhessens aus. Wobei einige Orte über eine lange Martinstradition verfügten, so trägt die Stadt Bingen am Rhein Sankt Martin im Stadtwappen, auch ist der Heilige Martin Patron des Mainzer Bistums. Martinsfeuer, wie sie andernorts vorkommen, sind in Rheinhessen nicht bekannt gewesen.

Dunkel und kalt war der Abend. Ein leichtes Schneetreiben hatte eingesetzt. Erwartungsfroh warteten wir auf dem weitläufigen Schulhof mit unseren Lampions aus dem Schreibwarenladen. Wenige nur trugen selbst gebastelte Laternen aus Pappe und Glanzpapier mit sich. Das Basteln im Kindergarten oder der Schule war Mitte der 50er-Jahre noch nicht recht in Mode gekommen.

Die zusammenfaltbaren, aus dünnen Papier bestehenden Lampions leuchteten als Mond oder Sonne. Auf den Laternen war das Martinsmotiv, die Mantelteilung, angebracht.

Die Kirchenmusik stimmte das Martinslied an und der Zug setzte sich in Bewegung: „Sankt Martin, Sankt Martin, ritt

Das Beste am Laternenumzug war der Martinsbretzel.

durch Schnee und Wind …" Vornweg ritt Sankt Martin auf seinem Pferd, in diesem Fall ein zierlicher Ackergaul. Unter dem weiten, rot-samtenen Mantel, der vormals eine Übergardine gewesen war, steckte der Küster Frey, doch das wollten wir Kinder gar nicht wissen. Für uns war er der Heilige Martin. Einzig die Erwachsenen belustigten sich daran. Saß doch der fromme Mann wie ein Affe auf dem Schleifstein. Dabei hatte er Reitstunden beim Winzer Schmitt genommen – auf einem geduldigen Ackergaul. Das Pferdchen hier schien munterer zu sein.

Langsam bewegte sich der Zug durch die engen Gassen. Nach dem mit Posaunen untermalten Martinslied folgte „Ich geh mit meiner Laterne", besonders beim „Rabimmelbabammelrabam" sangen wir alle laut und fröhlich mit.

Der Laternenzug näherte sich dem Dorfplatz, „Römer" genannt. Das Schneetreiben war stärker geworden. Mitten im Flockenwirbel teilte Sankt Martin seinen Mantel mit dem Bettler, der in pittoreske Lumpen gehüllt auf dem Boden kauerte.

Bis dahin war dann schon so manche Laterne abgebrannt. Irgendwie gehörte das zu jedem Martinsumzug dazu. Besonders die Buben taten sich dabei hervor. Es dürfte aber nicht nur Übermut gewesen sein, denn in den Laternen steckten keine Teelichter, sondern echte Kerzen, wie sie später auch am Weihnachtsbaum leuchten sollten.

Zum Schluss wurde der Martinsbretzel verteilt – und bei aller Hefeteigerfahrung, die eine Kindheit in Rheinhessen mit sich brachte – der „Martinsbretzel“ schmeckte unüberbietbar gut.

Hausschlachtung

Advent

Im ursprünglichen Sinn galt die Adventszeit als eine Zeit der Ruhe, woran auch der alte in Rheinhessen gebräuchliche Spruch zum Katharinentag erinnert: „Kathrein! Stell Baß und Geigen ein.“

Längst ist dieser ernste Charakter der Adventszeit verloren gegangen – wie auch die Gestalt des „Adventsmetzgers.“

Hausschlachtungen wurden beinahe ausschließlich in der kalten Jahreszeit vorgenommen, was auf die mangelnden Konservierungsmöglichkeiten zurückzuführen ist.

Der Wein liegt im Keller. Kartoffeln und Rüben sind eingebracht. Bohnen, Gurken, Kraut und Latwerge füllen die Schränke in der „dunkel Stubb“. Nur das Fleisch fehlt noch. Großvater hat beim Kunze-Kalle in Sponsheim angefragt.

Der geht sommers als Anstreicher und metzgert in den Wintermonaten. Kunze-Kalle hat sein Kommen zugesagt.

Feucht-kalt ist es an diesem Morgen. Alles ist für die Schlachtung vorbereitet. Die Mulde, in der die Sau abgebrüht werden soll, steht bereit. Großmutter schält in der Futterküche Zwiebeln und wählt die Gewürze aus: Knoblauch, Pfeffer, Nelken, Muskat, Majoran und Thymian sind es.

Tante Justina umschleicht das Geschehen. Sie hat was gegen Metzger. Mit jedem gerät sie aneinander. „Wenn ich die schunn mit ihrer Axt ankomme seh' un wie se die Messer wetze duun! Totschläger all miteinanner!"

„Dann stech die Sau selber ab!", höhnt Großvater.

„Du, sei du ganz still!", ereifert sich Justina.

Tatsächlich war es Großvater noch nie gelungen, ein Huhn zu schlachten, kläglich endeten seine Versuche. Kurz vor dem Hackklotz machte er kehrt und ein verstörtes Huhn flatterte über den Hof. Eine Frist war ihm noch gewährt – bis Großmutter zur Tat schritt.

Cousine Margit hatte sich in den Stall geschlichen und der Sau Lene eine dicke, matschige Kartoffel gebracht. Lange habe sie das Schwein gestreichelt, erzählt sie uns. Als sie gesagt habe: „Lene, mir sehe uns nie wieder", habe die Sau eine Träne vergossen. Wir glaubten ihr das nicht. Eine weinende Wutz! Beleidigt zog Margit ab. Tatsächlich hatte Sau Lene gestern beim Wiegen 475 Pfund auf die Waage gebracht.

Ein trübsinniger Kerl ist der Kunze-Kalle, der jetzt wortlos mit dem Strick in der Hand den Stall betritt, das Schwein an einem Hinterbein fesselt und es so auf den Hof raus zerrt, wo er es am Kloben des Hoftores festbindet.

Er trifft das Tier sicher – und stößt zu. Mutter hält die Schale, in die sich das Blut aus der Halsschlagader schäumend ergießt. Sofort muss sie mit dem Rühren beginnen. Es darf das Blut nicht gerinnen. Gebraucht wird es für den Stichpfeffer und die Blutwurst.

Die Männer um meinen Großvater, das sind seine Söhne Jakob und Philipp und unser Nachbar Lamby, befördern das Schwein zum Abbrühen in einen großen Trog, der Muhl. Mit eisernen Schabern entfernen sie die Borsten.

Endlich kann das Schwein auf den Schranen gelegt werden, wo ihm Hufschalen und Ohrmuscheln entfernt werden. Etwas davon wird sich später im Schwartenmagen wiederfinden.

Kunze-Kalle zeigt sein Können, wetzt die Messer, bevor er das Tier ausnimmt. Mutter und Tante Justina beginnen mit der sorgfältigen Reinigung der Därme, die als Wursthaut gebraucht werden.

Eben hat sich der Winzer Spira eingefunden – ein leutseliger Mann, der wie schon sein Vater als Fleischbeschauer geht. Proben nimmt er von den Innereien und untersucht sie unter dem Mikroskop auf Trichinen. Alles in Ordnung – Lene war eine gute Sau. Nach der Beschau setzt Spira seine Stempel drauf und gönnt sich in der Wurstküche einen Schluck Wacholderschnaps.

Für Kunze-Kalle setzt nun die harte Arbeit mit dem Metzgerbeil ein. Der Kopf wird abgeschlagen und gespalten, Vorder- und Hinterschinken herausgeschnitten. Einzig die Kotlettestücke sind zum baldigen Verzehr vorgesehen.

Das Fleisch, das in die Wurst kommen soll, wird in dem großen Kessel zum Kochen gebracht. Den Hinterschinken räuchert Tante Justina über Buchenholz und Sägemehl. In

Leinensäcken wird sie ihn zum Trocknen auf den Speicher hängen.

Die Wurstküche mit dem großen Kessel verschwindet im fetttriefenden Dunst. Kunze-Kalles Schweigsamkeit wandelt sich mit jedem Glas Wein mehr zur Redseligkeit. Am Ende des Schlachttages wird er wieder verstummen und heimwärts ziehen durch die nassen Wiesen am Fluss in sein Heimatdorf.

Der Briefträger schaut herein: „Ich hab Post fer eich!“, ruft er.

„Hock dich, Seppel!“, erwidert Großmutter. Ein Schmalzbrot wird ihm mit einem Gläschen Birnenschnaps vorgesetzt. Draußen im Hof steht sein gelbes Postrad und die Hündin Bella schnuppert daran. Sie hat ihr Schlachtfest schon gehabt. Schnute und Hirn hat sie auffressen dürfen.

Margit, mein Bruder Paul und ich haben die Aufgabe, das Holz im Kessel nachzulegen, weil während die Wurst in der Fleischbrühe gesotten wird, die Temperatur nicht zurückgehen darf. Auch schöpfen wir kaltes Wasser nach, wenn die Wurstsuppe zu kochen anzufangen droht. Doch hin- und wieder platzt doch eine Wurst.

Wir haben „schulfrei“ an diesem Tag – und der Lehrer wartet auf seine Metzelsupp.

Es ist so weit, Kunze-Kalle“ rührt den Blutwurstteig an und die Metzelsuppe kommt auf den Tisch. Dazu werden Nudeln, Griebenbrot mit Röstkartoffeln, Bohnenkaffee und Speckkuchen gereicht. Das alles hat Oma nebenan in der Futterküche zubereitet.

Margit, Paul und ich schwärmen mit unseren emaillierten Milchkannen aus, um die „Worschtsupp“ auszutragen. Zuerst ist die Nachbarschaft dran. Das geht rasch. Danach folgen heiklere Adressaten. Mit Paul mache ich mich auf den Weg zum Pfarrhof. In den Höfen rasen die Hunde in den Ketten. Hochwürden nimmt mit versteinerter Miene die Suppe an. Wir eilen weiter. Im Schwesternhaus scheinen die Nonnen schon auf uns gewartet zu haben. Durch den Türspalt können wir sehen, dass der Tisch gedeckt ist. Jetzt bleiben nur noch Lehrer Stein und das Fräulein Menninger übrig. Da getraut sich Paul nicht hin. Margit begleitet mich.

Margit läutet die Glocke an der Lehrerdienstwohnung.

„Wer da?“, plärrt eine uns zu gut bekannte Stimme.

„Bei uns is geschlacht worre, Herr Lehrer!“, rufe ich.

„Ja.“ Schritte nähern sich. Es öffnet sich die Tür.

„Mir bringe eich ebbes vun de Worschtsupp!“, sagt Margit.

„Ja.“

„Sie is noch ganz heiß!“

„Ja.“ Er greift nach der Kanne, verschwindet im Dunkel der Diele. Nach einer Weile kommt er mit der leeren Kanne zurück.

„Da! Macht euch heim. Es is stockdunkel. Da treibt man sich nit in de Gasse rum!“

„Griwwelbisser!“, mault Margit als die Tür hinter uns zugeschlagen worden ist.

Das Fräulein Lehrerin lächelt sanft als sie uns vor der Tür stehen sieht. „Meine Galle, meine Galle!“, seufzt sie, „aber Gottesgaben darf man nicht verschmähen!“ Sie greift nach der Kanne, auf der ein Blut- und zwei Leberwürstchen schwimmen.

Zurück im Hof sind unter der Torfahrt etliche Karbidlampen angebracht worden. Oma und Opa sitzen nebeneinander auf der Bank. Ausnahmsweise vertragen sie sich einmal. Keine giftigen Blicke und Boshaftigkeiten werden ausgetauscht. Es ist alles gut gegangen.

Mutter wirkt erschöpft. Sie hat noch schnell im „Steinernen Topf“ Fleischstücke in „Lack“ eingelegt und etwas Salpeter beigemischt. So soll die rosige Fleischfarbe erhalten bleiben. Neben ihr sitzt Vater. Er war auch heute zur Arbeit in die Fabrik gegangen. Beim Schlachten hält er sich gern heraus. Auch der Metzelsupp kann er nichts abgewinnen. Fett, viel zu fett. Darüber darf gelacht werden an diesem Tisch im Karbidlampenlicht.

Übermütig schmatzt der Opa der Oma einen Kuss auf die Wange. „Hosch de se noch all?“, kommt es gleich zurück.

Er grinst sie verschmitzt an.

Die Schleif

Winterzeiten

Wenn sehr alte Leute von den Wintern ihrer Kindheit erzählen, lautet die regelmäßige Antwort, dass die Winter kälter gewesen seien. Selbst im Hügelland Rheinhessens mit seinem milden Klima soll immer ausreichend Schnee gefallen sein. Dies trifft nur bedingt zu. Tatsache ist, dass die Jahresanfänge 1929 und 1940 zu den kältesten und schneereichsten Wintern zu zählen sind. Allerdings folgte auf den strengen Winter 1928/29 ein sehr milder Winter. Lange Frostperioden sind auch in den Wintern 1939/40, 1941/42 und 1946/47 zu verzeichnen.

In der Regel dürften die Winter aber mit wenig Schnee und viel Regen ausgekommen sein. Da damals aber kaum Salz gestreut wurde, blieben die Straßen und Wege lange weiß und verstärkten so den Eindruck einer weißen Winterlandschaft.

Schwarz die Welt, öde, kahl, leer, kein Grün, kein Gelb. Alles ein graues, ein totes Einerlei. So konnte der Winter sein – und meist war es so.

Frostige Kälte in nicht geheizten Räumen. Eisblumen im Fensterkreuz. Dampfende Nässe aus der Waschküche. Kratzende Strümpfe und laufende Nasen. Doch dann – der erste Schnee – Frau Holle schüttelt ihre Betten aus.

Nachtfröste und bittere Kälte am Tag. Eiszapfen unter dem Dach und im Rinnstein eine spiegelblanke Fläche – eine prächtige „Schleif" war das.

Die meisten Dörfer in Rheinhessen besaßen in den 50er-Jahren noch keine Kanalisation. Das Wasser lief aus dem Ausguss unter dem Spülstein der Küche direkt auf die Gasse, in das „Floss", den Rinnstein, hinein – und dort wandelte sich die Brühe an frostigen Wintertagen zu purem Eis.

Die Kinder nutzten eifrig die „Schleif". Anrennen und durchsausen. Nicht immer ging das gut. Manchmal warfen missmutige Anwohner ihre Herdasche darauf und die Schleif wurde „stumpf".

Schlittenfahren am Berg.

Barbarazweige

Barbaratag

Der Barbaratag am 4. Dezember nimmt unter den Adventsbräuchen eine besondere Stellung ein.

Einer alten Legende nach stammte die Heilige aus Nikomedien in Kleinasien (heute Izmir). Um das Jahr 306 soll sie wegen ihres christlichen Glaubens dem Martyrium erlegen sein. Sie zählt zu den „Vierzehn Nothelfern" und ist u. a. Schutzpatronin der Bergleute.

Der Brauch am Barbaratag einen Kirschzweig ins Wasser zu stellen, der an Weihnachten blühen soll, hat sich bis heute erhalten.

Raureif lag über dem Auwald. Bis auf den schwarzen Schlammgrund waren die Wasserlöcher gefroren. Der Tag verschwendete sich im trüben Licht. Es war der 4. Dezember, Barbaratag.

Schmal war der Pfad, hart gefroren die Erde. Zweige der wilden Kornelkirsche hatte Brigitta aus dem Wald geholt. Am Haselnussstrauch hatte sie sich auch bedient.

Eine Erinnerung drängte sich ihr auf: Ein längst vergessener Wintertag. Mit der Großmutter war sie deren Schwester Elisabeth in Nackenheim am Rhein besuchen gewesen. Sie hatten sich nicht besonders nah gestanden, die Schwestern Appelheimer. Während die Großmutter von grober, zupackender

Art war, zeigte sich Elisabeth zuweilen als elegische Träumerin. Einen leichten „Stich“ habe sie, wurde gesagt. Ruderte sie doch mit dem Kahn an Sommerabenden zur Insel Kisselwörth rüber, um im Fluss zu baden – was als Gipfel der Ausschweifung galt.

Elisabeth hatte Kaffee gekocht und auf dem runden Tisch im Erker reckten sich in einer hohen Vase dürre Zweige. Im ersten Licht des Wintertages hatte sie sie aus dem Garten geholt. Barbarazweige, so starr und kahl, wie der Winterwald. Elisabeth deutete es anders. Wenn die Kirschzweige zu Weihnachten erblühen würden, sei es ein freundlicher Gruß in düsterer Winterzeit.

Die Großmutter murrte etwas, das wie „Kappes“ klang.

„Un wenn se nit an Weihnachte blühe wolle?“, hakte Brigitta nach.

Elisabeth lächelte: „Sie werre blühe und das bedeutet Glück!“

„Knospen an Sankt Barbara, sind zum Christfest Blumen da!“, mischte sich Großmutter ein. Mit Bauernregeln kannte sie sich aus und eine solche war der christlichen Legende übergestülpt worden.

„Kath!“, wandte sich Elisabeth an ihre Schwester, „weeßt de noch, wie mir de Zweige immer die Name vun unsere Verehrer gewwe hawwe!“

„Jo, war so en Spiel!“

„Wie ging en das?“, wollte Brigitta wissen.

„Der Name vun dem Zweig, der zuerst geblüht hot, sollt uns de künftige Bräutigam verrate!“

„Un hot das geklappt?“

„Frag’ dei Großmudder!“

„Oma, was fer en Zweig war de Opa gewese?“

„Hartriegel!“

„Un fer dich hot kee Zweig geblüht, Tante Elisabeth?“

„Doch, es is nur de Falsche gewese, Brigitta!“

Da warf sich die Großmutter in die breite Brust. „Das sin heidnische Bräuch!“

„Jo, un du hosch en gekriegt – meinen Zweig!“, erwiderte Elisabeth leise.

Ein lang anhaltendes Schweigen herrschte daraufhin im Raum.

Die Erinnerung erzeugte ein Schmunzeln bei Brigitta. Jetzt, wo sie ihre Barbarazweige nach Hause trug und hoffte, dass sie am Weihnachtsabend blühen würden.

Sankt Nikolaus

Der Brauch, Kinder zu beschenken, fiel lange Zeit auf den 6. Dezember, dem Namenstag des Heiligen Nikolaus von Myra. Jener gilt sowohl als Patron der Schiffer als auch der der Kinder. Am Rhein ist dieses Nikolaus-Patrozinium schon uralt. Lange erschien der Heilige den Kindern im Habit eines Bischofs – doch mit der Zeit wurde die Nikolausgestalt immer robuster. Das „Heilige“ verschwand mehr und mehr, bis am Ende der „Weihnachtsmann“ übrig blieb.

Meist kam er nicht allein. So ist bekannt, dass er sich in Mainz und seinem Umland von einem „Christkindchen“ begleiten ließ. Sie sangen ihre Lieder und „heischten“ ihre Gaben, erschreckten und versöhnten die Kinder im Haus. Das Christkind war weiß gekleidet und trug manchmal ein Krönchen im Haar.

So erscheint es auch in der Erinnerung des im rheinhessischen Wonsheim geborenen Dichters Heinrich Bechtolsheimer (1868–1952):

„Von Anfang Dezember an gingen abends seltsam vermummte Gestalten durch das Dorf, es waren das der Pelznickel und das Christkind. Der Pelznickel trug die übliche Tracht: langen Mantel, breiten Hut oder Pelzmütze und hatte die Rute in der Hand. Das Christkind war ganz in Weiß gekleidet und brachte Äpfel und Nüsse mit. Beide scheinen sich ganz gut miteinander vertragen zu haben. Ich entsinne mich, dass sie an einem Winterabend, während ich als kleiner Junge zusah, in unserem Wohnzimmer miteinander tanzten …“

Dieser Brauch dürfte um die Jahrhundertwende in Rheinhessen verschwunden sein, während er im Hunsrück noch lange weiterwirkte.

Knecht Ruprecht war eine andere Begleitung von Sankt Nikolaus, eine recht zwielichtige Figur. Mit Sack und Rute war er unterwegs. Sie gingen in die Häuser, wo die braven Kinder kleine Gaben erhielten, die bösen Kinder die Rute zu spüren bekamen. Dieser Brauch hielt sich sehr lange.

Nikolausabend

1958. Schon am 27. Oktober hatte es Schnee gegeben. Die Schneefälle reichten bis zu den Küstengebieten – und auch Rheinhessen erlebte einen kurzen Winterspuk. Jetzt am 6. Dezember hielt der Winter das Land im eisernen Griff.

Früh war die Dunkelheit hereingebrochen. In der guten Stube warteten wir: Heinz, Ursula und ich.

So richtig glücklich waren wir alle drei nicht. Nikolaus und sein Knecht Ruprecht erschienen uns äußerst suspekt. Auch ging Nikolaus nicht immer sanft mit uns Kindern um. Die Rute hielt sein Knecht Ruprecht griffbereit – und den Heinz hatte er im letzten Jahr in den Sack stecken wollen.

Der Ofen bollerte gegen die beißende Kälte an. In der ungeheizten Kammer hinter der Stube blühten die Eisblumen im Fensterkreuz. Großmutter Klara saß im Winkel neben der Standuhr und am Adventskranz brannte die erste Kerze. Wir warteten auf den Nikolaus.

Plötzlich ein Gerumpel von der Diele her. Wir zuckten zusammen, obwohl wir beinahe sicher waren, dass der dicke Onkel Peter und die grässliche Tante Anna gleich als Nikolaus- und Knecht-Ruprecht-Schreck in der Stube erscheinen würden. Die Tür flog auf. Nikolaus und sein krummer Knecht traten mit der Kälte ein.

„Draußen vom Walde komm ich her!“, brummte Nikolaus und sein Ruprecht drängte sich vor. Den Sack schleifte er hinterher. Wir rückten auf dem Sofa zusammen.

„Ward ihr auch alle brav?“

„Ja!“, riefen wir.

„Nein!“, krächzte Knecht Ruprecht, und ich glaubte die dunklen Augen der Tante Anna blitzen zu sehen. Natürlich kostete sie ihren Auftritt aus und behauptete unaufhörlich, wir seien frech, faul und dumm. Mutter sagte einmal, Tante Anna könne keine Kinder leiden, und wir sollten versuchen nett zu ihr zu sein. Sie hätte es nicht leicht im Leben.

„Was hawwe die denn angestellt!“, raunzte Sankt Nikolaus. In seinem Wattebart hatten sich Rußflocken verfangen.

„Ich guck uff de Zettel druff!“, klang es devot aus Knecht Ruprechts Mund.

„Ich höre, getreuer Knecht!“

„Heinz! Er hot mit em Weihwasser die Leit in de Kerch nassgespritzt!“

„So, so, du böser Knabe! Sag’ was das zu bedeuten hat!“

„Nix!“

„Ruprecht, zieh die Rute! Drei Schläge für den bösen Buben!“

Da holte die krumme Gestalt ihre Weidenrute aus dem Sack und zog sie Heinz dreimal über. Es wollte die Kerze am Adventskranz nicht mehr so hell leuchten wie zuvor. Großmutter räusperte sich aus der Stubenecke.

„Ursula! Was ist mit ihr? War sie brav gewesen?“

„Die! Nee! Die hot ihre Tante Anna ausgelacht!“

„Weshalb?“

„Weil die mich geärgert hot!“, erklärte Ursula frank und frei.

„Wieso?“

„Sie hot gesagt, ich dääd ihr Schnecke in de Garte setze!“

„Und das ist die Wahrheit gewesen“, krächzte Knecht Ruprecht, „der Salat war ruiniert!“

„Ruprecht, zweimal die Rute für das böse Kind!“

Ursula trat vor und der schwarze Geselle haute ihr die Rute über.

„Katharina!“

„Do is Hopf un Malz verlore!“, mischte sich der Ruprecht ein.

„So gebe ihre Untaten bekannt!“

„Sie hot ihrer Tante Anna Juckpulver in de Mantel gestreut!“

„Stimmt das?“

Ich schüttelte den Kopf. „Das sin gewiss die Flöh vun derer Katz gewese!“

„Dass is doch die Höh!“, zeterte Knecht Ruprecht, „Nikolaus, ich dääd die in de Sack stecke!“

Aus der Stubenecke meldete sich nun Oma zu Wort. „Jetzt höre mir emol uff, die Kinner zu erschrecke. Die sin gut un lieb. Holt emol de Lebkuche raus aus em Sack!“

„Dene Päns aach noch ebbes gewwe!“ Mit der Rute unterm Arm stand Knecht Ruprecht im Türrahmen. Nikolaus kramte aus seinem Sack Waldböckelheimer Lebkuchen mit aufgeklebtem Nikolausbild und verteilte ihn an uns. Artig bedankten wir uns. Sie zogen davon – hinaus in die kalte Nacht, oder zur Besenkammer unter der Treppe.

Wir atmeten auf. Der Nikolausabend war überstanden.

Am nächsten Tag begegnete mir Tante Anna in der Gasse.

„Wie war en de Nikolaus?“, fragte sie schmeichlerisch.

„Scheen!“

„Hot er dir ebbes gebracht“

„Jo!“

„Hosch das awwer nit verdient gehabt!“

„De Nikolaus un de Knecht Ruprecht sagte, ich sei en braves Kind!“

„Hot er nit!“, plärrte sie los.

„Bisch doch nit debei gewese, Tante Anna!“

„Wart ab, wenn die nächst Niklosabend kimmt!“

Alle Jahre wieder – Theater im Tanzsaal

Advent war auch die Zeit des Theaterspielens. Im Tanzsaal des Wirtshauses oder einer geräumigen Turnhalle, wurden die eingeübten Stücke vorgeführt. Es spielte keine Rolle, wie gut die einzelnen Darsteller agierten, es ging in erster Linie um ein gemütliches Beisammensein mit freundlicher Unterhaltung.

1951 kam es in Worms am 2. Adventssonntag zur „Festaufführung“ eines Weihnachtsmärchenspieles. „Alle Jahre wieder ...“ von Marianne Fischer-Dyck.

„In neun weihnachtlichen Bildern suchten ein Fritz und eine Liesel nach der Fee Artigkeit, die von einem Drachen gefangen gehalten wurde. Seit sie nicht mehr in der Stadt weilte, waren die Kinder unartig geworden. Knecht Ruprecht drohte ihnen, das Christkind würde nicht eher zu ihnen kommen, bis sie wieder artig seien. Nach langem Suchen fanden Fritz und Liesel die gute Fee und brachten sie in die Stadt zurück. Artigkeit, Sauberkeit, Pünktlichkeit, Ordnung und Fleiß waren es, die zum Schluss über Unartigkeit, Unsauberkeit, Unpünktlichkeit und Faulheit, verkörpert durch den ‚Rüpel', triumphierten. Nun konnte Weihnachten gefeiert werden."

Haarsträubende pädagogische Belehrung und Klamauk wurden so auf dem Tablett Weihnachten serviert. Trotz alledem, es schien sich um ein Erfolgsstück gehandelt zu haben. Der Rezensent schreibt in der Wormser Zeitung: „Der reine Klang kindhafter Einfalt wird von der psychologischen Tiefenschau einer echten Dichterin, die wahrhaftige Moral predigt, nur noch verstärkt."

Bei der Inszenierung wirkten neben dem gesamten Schauspielpersonal auch 20 Schüler und Schülerinnen der Westendschule in Worms mit. Der Eintrittspreis bewegte sich zwischen 1,00 DM und 2,00 DM.

Erbsenprinzessin im Advent

Im Schulsaal (über eine Aula oder Mensa verfügten die Volksschulen auf dem Land in Rheinhessen in der Regel nicht) führten die Schüler der vierten Klasse das Stück „Die Prinzessin auf der Erbse" auf. Der Saal war bis auf den letzten Platz besetzt. Einige der Väter hielten Fotoapparate gezückt – Blitzlicht inbegriffen.

Lehrer Stein, der als künstlerischer Leiter fungierte, ein allseits bekannter Choleriker, hatte das Märchenstück einstudiert. Die Hauptrollen waren nach Sympathie vergeben worden, doch erwiesen sich die Erbsenprinzessin und ihr Prinz nicht sonderlich textsicher. Die Prinzessin hockte auf ihren zehn Matratzen (über vier Stühlen hochgestapelt) und starrte ins Leere. Kurz danach hatte der Prinz seinen Ausfall und Lehrer Stein seinen obligatorischen Wutanfall – diesmal vor dem gesamten „verehrten" Publikum. Es schienen die Bänder am Adventskranz sich verwirren zu wollen – und die Zuschauerreihen durchrauschte ein Gemurmel. War das Stück jetzt zu Ende? Nein. Lehrer Stein horchte auf. Prinzessin und Prinz leierten ihren Text herunter. Wenn nur die Standhaftigkeit der Bettstatt sicherer gewesen, so hätte das Stück noch ein gutes Ende gefunden – doch nein, beim Herabsteigen löste sich eine Matratze und die Erbsenprinzessin landete unsanft auf dem Boden.

Professioneller ging es bei den adventssonntäglichen Vorführungen des „Cäcilienvereins" zu. Der Regisseur war ein milder Tyrann, doch verstand er seine Schar anzuleiten. Schwänke und Stücke mit leichtem Inhalt, wie die „Geierwally", kamen unter seiner Regie zur Aufführung.

Das halbe Dorf war in der bestuhlten Turnhalle versammelt. Auf der Bühne himmelte der „schöne Gustav" sein Liebchen, die Anni Krolla, an. In der ersten Reihe saß Gustavs Ehefrau und die platzte beinahe vor Stolz über die Schauspielkunst ihres Gatten. „Wie de O.W. Fischer sieht er aus", flüsterte sie ihrer Stuhlnachbarin zu.

„Jo!", erwiderte diese.

Unter den Zuschauern ahnten etliche, dass nicht alles „Theater" war, was sich auf der Bühne zutrug. In Erinnerung blieb auch der „Geier Hansi“, ein ausgestopfter Bussard, dem sein Präparator etwas „Geierhaftes“ hatte geben wollen, was sich in einem viel zu großen Schnabel zeigte.

Die besinnlichen Adventsonntagnachmittage in der Turnhalle endeten immer mit dem gemeinsamen Singen von: „Oh, Tannenbau, oh Tannenbaum“.

Alter Schmuck am Weihnachtsbaum

Strohsterne

Sie waren und sind allgegenwärtig am Weihnachtsbaum, Strohsterne, stolze Bastelarbeit aus Kindheitstagen. Geklebt, verklebt, gezackt, verdreht, verziert. Geglättete Strohhalme kreuzweise übereinandergelegt und dann im Wechsel einmal darüber, einmal darunter mit dem Faden verbunden. War das Grundelement fertiggestellt, wurden die Zacken mit der Schere aufgehübscht – ein einfacher Strohstern war so entstanden.

Im Herd prasselte ein starkes Feuer und vor dem Fenster wirbelten Schneeflocken. Die Küche war der einzige geheizte Raum im Haus. Ein wenig Wärme bekam noch die dahinterliegende Kammer ab. In den übrigen Räumen hatte sich frostige Winterkälte festgesetzt. Eigentlich war es ein schönes Haus. Im Sommer dufteten die Rosen und das Weinlaub warf Schatten, doch jetzt blühten nur die Eisblumen und im Stroh der Scheune raschelten die Mäuse.

Klirrende Kälte hatte das Land im eisigen Griff.

Am Küchentisch saßen Paula und Emilie und bastelten Strohsterne. Zwei Stunden hatten die Strohhalme im lauwarmen Wasser gelegen, um jetzt von Paula mit dem Bügeleisen traktiert zu werden. Sie, unruhig und aufgeweckt, zeigte wenig Geschicklichkeit bei solcherart von Bastelarbeiten. Ihre Schwester Emilie, die eine behäbige Ruhe auszeichnete, legte geschickt die Halme kreuzweise übereinander und bald lag ein hübscher Strohstern vor ihr. Bei Paula war es ein wackliger Stern geworden.

„Fertig!“, erklärte Paula.

„Dei Stern is schepp!“

„Du bisch aach schepp, Emilie!“

Der laute Streit der Schwestern lockte die Großmutter aus der Nebenkammer.

„Ei, was is en dass fer en krumm Ding“, meinte sie auf Paulas Stern zeigend.

Paula lächelte: „Das is mei Mondkalbstern!“

Die Großmutter schüttelte den Kopf und lobte dann ausgiebig die filigranen Strohsternvariationen der Enkelin Emilie. Draußen hatte das Schneetreiben an Kraft gewonnen.

Jahrzehnte später hielt sich Paula auf dem Speicher des Elternhauses auf. Alles, was in dem großen Haushalt nicht mehr gebraucht hatte werden können, war seit Generationen dort gelagert worden. Verstaut und verpackt. Zwischenablage der Ewigkeit. Paula lächelte über ihren Einfall. Sie würde nichts ändern daran.

Eine kleine Kiste im Winkel neben dem Kamin weckte ihre Neugier. Sie zog sie aus der Ecke heraus und öffnete sie.

In Holzwolle und Glanzpapier verpackt lagen die alten Krippenfiguren darin. Als verschollen gegolten hatten sie. Das Kamel hatte seinen Kopf verloren. Maria und Josef waren unversehrt geblieben und das Jesuskind war bei den Schafen untergekommen. Auch Melchior, Balthasar und Kaspar, die immer erst am Dreikönigstag der Krippe zugesellt worden waren, tauchten auf. Es waren kunstvolle Figuren, sehr alt, sehr bunt. Und wie sie weiter in der Kiste kramte, tauchten die Strohsterne auf – Erinnerungen an Kindertage wurden wach. Krumm und schief, ihr Mondkalbstern. Und wie hübsch die Sterne von Emilie. Wehmut überfiel sie in der Weite des Speichers. Sie würde alle Strohsterne an den Weihnachtsbaum hängen – im Gedenken an Emilie und eine Zeit, die nicht mehr war.

Nürnberger Lebkuchen und Mayonnaise-Salat

Jedes Jahr in den Wochen vor Weihnachten öffnete die Gaslehrküche, ein Ausstellungsraum der Wormser Gaswerke, ihre Pforten. Die Veranstaltungen und Kurse standen ganz im Zeichen des nahenden Festes und wurden sehr gut besucht – so auch im Dezember 1961.

Kleine Häufchen von Zucker, Mehl und Schokolade erhoben sich neben Eiern und Zitronen auf dem blitzblanken Arbeitstisch der Gaslehrküche. Im Hintergrund wachten Gasherde in Reih und Glied. Gleich würden sie sich bewähren müssen.

Genau genommen handelte es sich um eine Werbeveranstaltung der Hamburger Maizena Werke, die stärkehaltige Lebensmittel, wie Mondamin etc., vermarktete. Die Produkte wurden von „Frau Barbara“ unter die Hausfrauen gebracht. In Worms erschien sie in Person einer taffen Blondine, die in der Versuchsküche schalten und walten durfte.

Die Dame versprach aus einem einzigen Napfkuchenteig, drei verschiedene leckere Kuchen zu backen und los ging es: Sie wirbelte mit dem Schneebesen in der Schüssel durch das schaumige Zucker-Ei-Gemisch, jeder Handgriff saß, und knapp eine halbe Stunde später lagen Apfeltörtchen, ein Schokoladen- und ein Zitronenkuchen, mit Glasur überzogen oder mit Zucker überpudert, auf dem Blech.

Die Spannung stieg, denn ein Brandteig sollte riskiert werden. Echte Windbeutel! Dafür ließ Frau Barbara den Teig zuerst richtig abbrennen bis sich eine Schicht auf dem Topfboden gebildet hatte. Jetzt verarbeitete sie ein Ei nach dem anderen, um schließlich alles im Backofen des blitzblanken Gasherdes verschwinden zu lassen. Die Bewunderung war der blonden Dame und ihren kleinen stärkehaltigen Hilfsmitteln sicher.

Gleich kam der Nürnberger Lebkuchen mit seinem Orangeat, Zitronat, Mandeln und Gewürzen an die Reihe. Ein weihnachtlicher Duft durchzog bald die profanen Räume der Wormser Gaslehrküche.

Am Schluss der vorweihnachtlichen Lehrstunde griff „Frau Barbara“ noch einmal tief in ihre Trickkiste und erteilte Ratschläge zum Festtagsessen. Am ersten Feiertag könne es ruhig üppig zugehen, mit Gans oder leckerem Rollbraten, meinte sie verschwörerisch lächelnd. Doch am zweiten Feiertag sollten keine Reste aufgewärmt werden. Sie schlug stattdessen einen Mayonnaise-Salat vor, in dem die Reste des Vortages versteckt werden könnten.

Zufrieden verließen die Wormser Hausfrauen die Gaslehrküche und „Frau Barbara“ packte ihr Mondamin ein.

Was der Herr sich wünscht ...

Kupferne, Silberne, Goldene Sonntage

Anfang der 50er-Jahre leistete sich der Einzelhandel vor Weihnachten drei „offene Sonntage“, die er in poetischer Verklärung zu „Kupfer“-, „Silber“-, „Gold“-Sonntagen erhob. Bis 1957, dem Jahr der Verabschiedung des „Gesetzes über den Ladenschluss“, entbrannte jährlich ein Streit über die Anzahl der verkaufsoffenen Sonntage.

Im Jahr 1951 zeigte die Konsumfreude sich noch uneingeschränkt positiv besetzt:

„Was der Herr sich wünscht ...“ titelte die Wormser Tageszeitung: „Zum Glück gibt es gewisse Richtlinien, nach denen man die Geschenke für den Göttergatten auswählen kann, sogenannte Geschenkgruppen. Da wären Sachen, die dringend der Erneuerung und Auffüllung bedürfen: Oberhemden, Unterhosen und Socken – auch Schlafanzüge und Schlipse – gehören auf den Weihnachtstisch. Für die bitterkalten Tage sind ein Paar warme Hausschuhe nötig und für Krawatten herrscht eine schier unerschöpfliche Nachfrage.

Dann gibt es noch die Angebinde, wie der seidene Schal, die Nappaledernen oder Wildledernen, Manschettenknöpfe, Schlipsnadel, Diplomatentasche, Schreibmappe. Zur Erhöhung der Festfreude gehören auch Wein, Sekt, Likör, Zigarren und Zigaretten. Auch Bücher gehören auf ‚seinen' Platz unter dem Weihnachtsbaum.

Wer dem Auto- oder Motorradfreund eine Weihnachtsfreude machen will, muss sich Mühe geben, sich auf dessen Wunschzettel einzustellen. So am Rande und unauffällig bringt man in Erfahrung, was gebraucht wird, denn jedes Geschenk soll ja einen Zweck erfüllen.

Ist ein Herr Amateurfotograf, so gibt es kein langes Überlegen, wenn es nicht gerade eine neue Kamera sein soll, dann tun es bestimmt einige Filmpacks oder Belichtungsmesser. Falls noch kein Radioapparat vorhanden sein sollte, dann gehört ein solcher auf den Weihnachtstisch.

Es sind wirklich nicht immer die großen kostbaren Dinge, die echte Freude bereiten. Zum Herausfinden gehört aber eine kleine, liebevolle Seelenforschung."

Geschenke, die jede Frau erfreuen

„Die Frau, die den Schlüssel zu den Herzen verwahrt und intuitiv gewohnt ist, auf die leisesten Wünsche ihrer Angehörigen zu horchen und sie in die Bahnen des Erreichbaren zu lenken, vermag es leichter die wirklichen Herzenswünsche zu erraten und zu berücksichtigen. Sie wird sich auch über die Dinge freuen, die ihrem Heim geschenkt werden. Doch wäre es aber vielleicht vonnöten, einen gesonderten Tisch für das Heim aufzustellen, damit die Frau auch persönlich besser bedacht werden könnte. Ein schönes Abendkleid oder Schmuck wiegen in ihrem Herzen mehr als der teure, komplette Gardinensatz.

Die Frau liebt alles, was sie schmückt. Dazu gehören Kleidungsstücke jeglicher Art, Schmuck, Pelzwerk, Handschuhe, Handtaschen und schließlich auch das, was auf den Toilettentisch einer gepflegten Frau gehört: ein gutes Parfüm, eine geschmackvolle Puderdose, ein Necessaire für den Hausgebrauch oder die Reise, und was es sonst noch an derlei kleinen Köstlichkeiten gibt.

Wir, die Männer, haben es beim Geschenkemachen einesteils leichter, weil wir über die Finanzen gebieten, doch schwerer, weil die Frauen meist höhere Ansprüche stellen. Sie reagieren nicht nur mit dem rechnenden Kopf, sondern auch mit dem fühlenden Herzen.“

Weihnachtsgeschäft und Sittenbild zugleich. Die Rollen waren wieder gut verteilt.

Vorweihnachtlicher Bummel

Eine junge, lebenslustige Frau war Greta. Mit ihrem Mann Anton hatte sie zwei Kinder. Zufrieden könnte sie mit sich und ihrer Welt sein, hätte es da nicht die Els gegeben, den dunklen Fleck in ihrem Wohlgefühl. Für Els blieb Greta das „städtisch Mensch“, hatte doch deren Wiege in der Mainzer Neustadt gestanden. Nach der Bombardierung von Mainz waren Greta und ihre Mutter in Dienheim einquartiert worden – im Gehöft der Binze Els.

Es hatte „gefunkt“ zwischen der properen Hutmacherin aus Mainz und dem etwas schwerfälligen Anton Binz.

Frischer Wind kehrte ein auf dem Hof, doch die Els blieb stur, werkelte verdrossen vor sich hin. Ging mit den Ochsen ins Feld und mit den Hühnern schlafen. Greta überhörte ihre Sticheleien, wenn sie am Werktag einen Kuchen gebacken hatte, oder einen Badeofen anschaffen ließ, wo doch bisher das Badewasser im Wurstkessel der Waschküche erhitzt worden war. Greta hatte genug von den Entbehrungen der Nachkriegsjahre. Was für die Els Verschwendung und Ausschweifung bedeutete, war für sie ein klein wenig Bequemlichkeit. Anton war nicht ihr Traumprinz gewesen. Ein solcher lag begraben, irgendwo in den Weiten Russlands. Mehr als eine blasse Erinnerung war es nicht mehr.

Früh am Morgen nahm sie den Zug nach Nieder-Olm, wohin es ihre Mutter verschlagen hatte. Lotti und Hansi freuten sich auf den Besuch bei der Oma. Da gab es Bratäpfel mit Zimt und es ist so gemütlich warm in der Stube, nicht so wie bei der Oma Els, die in drei Mäntel eingepackt in der kalten Stube hockte.

Gute Stunden in Nieder-Olm: Gretas Mutter war eine freundliche Frau, die Enkel liebten sie. Bevor die Rückfahrt nach Dienheim angetreten wurde, wollte Greta „Schaufenster gucken“ gehen oder das „Christkind besuchen“, wie sie Lotti und Hansi erklärte.

Schon fiel die Dunkelheit herein. Vom Amtsgericht in der Pariser Straße bis zur Evangelischen Kirche glitzerte und funkelte es. Die kleine Stadt war vom weihnachtlichen Lichterglanz erfüllt. Anschauen kostet nichts, dachte sich Greta.

Im Schaufenster von „Elektro-Weisrock“ spiegelte sich das Licht. Für 338 DM wurde ein Radioapparat mit Klangregister und vier Lautsprechern angeboten. Nein, das konnten sie sich nicht leisten und „abstottern“ ging nicht – wegen der Els, die was gegen Ratenzahlungen hatte. Einen Trockenrasierer wollte sie Anton schenken, denn er verletzte sich ständig beim Rasieren. Von der Weinlese in Oppenheim waren ihr noch paar Mark übrig geblieben.

Bei der „Foto-Drogerie-Oehler“ waren Kameras von 15 DM aufwärts ausgestellt. Gerne würde sie sich einmal wieder fotografieren lassen – im hellen Sommerkleid und breitrandigem Hut. Doch Anton würde mit seinen dicken Fingern gewiss den Auslöser nicht treffen. Anton! Er war ein guter Mann. Beinahe trotzig warf sie den Kopf in den Nacken.

Im „Schuhhaus Jakob Sieben“ wurde die Marke Salamander angeboten. Ihre hellbeigen Pumps hatte sie sich dort im Herbst gekauft. Lotti und Hansi hatten an der Kasse ein „Lurchi-Heft“ geschenkt bekommen – Salamander lebe hoch! Sie schmunzelte.

In der Schaufensterauslage fiel ihr Blick auf den Perlenbesatz eines rosa Hausschuhpaars. Zierlich und elegant. Und in diesem Moment musste sie an die ausgetretenen Schlappen von der Els denken. Im warmen Backofen vom Küchenherd standen sie oft. Wie gerne würde sie diese gegen den rosa Paillettenglanz austauschen. Ein Weihnachtswunder! Sie konnte ihr Lachen nicht mehr zurückhalten.

Im „Möbelhaus Jungweber" entdeckte sie einen Traum von Schlafzimmer. Weißer Schleiflack. Sie schliefen in einem alten Bettkasten mit dreigeteilten Matratzen. Darin fühlte sie sich manchmal wie eine dicke Bauernmatrone, doch sie war jung – ach, wenn sie nur etwas mehr Geld hätten. Anton schaffte im „Panzerwerk" in Mainz als Hilfsarbeiter.

Beim „Schneidermeister Lieb" wurden Maßanzüge angeboten. Ein Cocktailkleid für sie! Ihre Taille war so schmal, wie die der Mannequins – doch Lieb war Herrenschneider. Sie könnte sich auch selbst etwas nähen, aber wenn sie die Nähmaschine bei der Els ausleihen würde, blieb die nebendran sitzen.

Kühlschränke! Im Fachgeschäft „Georg Lieben und Sohn" standen sie aufgereiht im Schaufenster, geschmückt mit einer Tannengirlande. Sie hatten zwar einen Kühlschrank zu Hause, der war aber sehr laut, brummte und schepperte. Es wäre keine gute Marke, hatte der Elektriker gemeint, vielleicht sollten sie sich einen neuen leisten. Nein, hatte die Els getönt.

Früher sei viel mehr eingemacht worden, erklärte sie. Da hätte man keinen Kühlschrank gebraucht. Greta hatte den Mund verzogen. Sie kam aus einer Eisenbahnerdienstwohnung in der Mainzer Neustadt. Da gab es weder einen Garten noch einen Kartoffelkeller. Plötzlich muss sie wieder an den

Hunger und die Kälte denken, damals als es an Nahrung, Holz und Kohle fehlte. Und der Weihnachtsbraten war aus dem Kaninchenstall gekommen. Es schauderte sie ein wenig. Gestern hatte sie gesehen, wie die Els einem Huhn auf dem Hackklotz den Kopf abgeschlagen hatte – ja, ihre Hühnersuppen waren sehr fett – und gut.

Bei „Sieben und Sohn“ hätte sie sich gern die Schallplatten angesehen, doch sie getraute sich nicht hinein. So summte sie in Gedanken „Ganz Paris träumt von der Liebe“. Einen Schallplattenspieler besaßen sie ohnehin nicht.

Kurz vor dem Geschäft von „Peter A. Faust“ sah sie ihre Schwägerin Marita samt Verlobten sich nähern. Sie hatte in Nieder-Olm eine Arbeit gefunden, verpackte Spirituosen im Akkord am Fließband.

„Ei, machst de alleen rum, Greta!“, klang es gleich ziemlich anzüglich.

„De Anton hot Nachtschicht!“

„Musch de nit de Mama helfe?“

„Die kimmt alleen zurecht!“

Die beiden sahen sich an – ein vielsagender Blick war es. „Un was is mit de Lotti un em Hansi?“

„Die sin bei meiner Mudder!“

„Scheen hosch de es beim Anton!“, seufzte Marita.

„Jo!“

Greta drehte sich um und ließ die beiden vor der Lederwarenhandlung stehen. Sollte Marita sich weiter eine Krokodilledertasche wünschen. Ihr Peterlein müsste dann ein paar Überstunden auf dem Bau machen. Was wollte das Pfannkuchengesicht überhaupt nur immer von ihr? Sie schaffte es noch, ihr die Weihnachtsfreude zu verderben – spätestens dann, wenn sie unterm Tannenbaum in der ausnahmsweise geheizten Stube der Els in Dienheim sitzen würde. Doch bis dahin waren noch zwei Wochen Zeit.

Porzellan, Keramik, Nippes – alles gab es im Geschäft von „Ludwig Boller". Sie würde ihrer Mutter einen Keramikhirsch zu Weihnachten schenken. Für die Els war ein Heringstopf aus Steingut vorgesehen. Nächste Woche würde sie ihre Einkäufe erledigen, heute wollte sie nur „gucken" und die „Pariser Straße" im Lichterglanz genießen.

Im Fenster vom „Salon Irene" war neben viel Kosmetika auch Modeschmuck ausgestellt – täuschend echt. Sie würde sich ein Armband von Anton zu Weihnachten wünschen – aus Messing. Sie griff sich ins dünne, blonde Haar. Eine neue Dauerwelle war spätestens im Januar fällig.

In der Möbelausstellung von „Nikolaus Faust" entdeckte sie ein Kästchen aus Resopal. Darin könnte sie ihre Schmuckstücke aufbewahren. Els besaß goldene Broschen, Perlenketten, dicke Ringe und protzige Uhren, ein richtiger Schatz war es, bewacht vom Drachen Els, angehäuft seit Generationen. Doch auch die Hamstererkolonnen, die nach dem Krieg aus den Städten aufs Land gekommen waren, hatten die Schatztruhe gefüllt. Gegen Naturalien wurde getauscht. Seitdem hingen auch drei Pelzmäntel in Elses Schrank, mit Mottenpulver eingestäubt. Persianer, Nerz, Ozelot. Sie trug sie nicht, denn sie wären eine reine Wertanlage, lautete ihre Erklärung dazu.

Greta schaute auf die Uhr. Es war spät geworden, und sie musste sich beeilen. Ein letzter Blick auf die Straße – es leuchtete, es glitzerte, es schimmerte. Und dieses Leuchten, Glitzern und Schimmern nahm sie mit nach Hause – zur Els.

Butterplätzchen und ein Hexenhaus

Adventszeit, heimliche Zeit. Es fror und schneite. Vorfreude, Wünschen und Hoffen.

Ganz heimelig wurde es dann im kleinen Haus von Oma Anneliese am Bach. Mollige Wärme strömte der Plattofen aus, und vor dem Fenster reckten alte Apfelbäume ihre Zweige. Verhutzelte Äpfel hingen noch daran. Der Bach war zu Eis erstarrt. Kopfweiden wachten über ihm.

Oma Anneliese freute sich über unseren Besuch. Butterplätzchen wollten wir gemeinsam backen. Unsere andere Großmutter Marijke maulte, es sei so dreckig im Bajes (jidd. bajis = Haus) von der Anneliese. Wir würden uns gewiss den Magen verderben. Mutter verbot sich solche Reden und Oma Marijke zog sich beleidigt zurück. Natürlich war es in Oma Annelieses Haus nicht so blitzblank wie in unserem Gründerzeitbau, doch Staub und Spinnweben beißen nicht.

Längst wussten wir, dass sich unsere Großmütter nicht vertrugen. Oma Marijke war eine „Schifferische“. Ihr Vater, der Holländer Jan, hatte als Partikulier drei Schraubenschleppboote auf dem Rhein besessen und Marijke war das Goldtöchterlein. So fühlte sie sich Oma Anneliese überlegen, die ziemlich arm sein sollte. Oma Annelieses Sohn ist unser Vater. Christel und ich kennen ihn nicht. In den letzten Kriegstagen fiel er bei Berlin und die Schiffe vom Holländer Jan sind bei einem Bombenangriff im Rhein versenkt worden.

In der Adventszeit wurde gebacken und gebastelt.

Oma Anneliese hatte alles vorbereitet, den Backofen schon angeheizt. Sie half uns, Butter, Zucker und Eier schaumig zu schlagen. Das Mehl mit dem Backpulver durften wir sieben, dass es nur so staubte und in der Nase kitzelte. Doch das Beste kam danach. Wir durften den Teig kneten und ausrollen. Oma Marijke erlaubte uns das nie. Sie sagte, wir hätten schmutzige Hände und zu wenig Kraft zum „wäljern".

Jetzt ging es ans Ausstechen. Monde, Sonnen und ein Komet hatten wir zur Auswahl. Ach, da war auch noch ein Engel. Oma schaute freundlich zu, auch wenn wir hin und wieder vom Teig naschten. Von Oma Marijke bekamen wir immer gleich was auf die „Tatzen".

Die ausgestochenen Teigformen lagen schließlich auf dem gefetteten Blech. Wir bestrichen die Plätzchen noch mit Eigelb und streuten Hagelzucker drüber. Oma half uns, die Bleche in den Backofen zu schieben.

Fertig! Goldgelb lachten uns Sonnen, Monde, Engel und Komet an. Sie dufteten viel weihnachtlicher als der Spekulatius von Oma Marijke, dessen Rezept sie angeblich von ihrer holländischen Großmutter hatte. Bei Oma Marijke durften wir nur zuschauen, was auf Dauer sehr langweilig werden konnte.

Als Mutter uns abholen kam, unterhielt sie sich mit Oma über unseren Vater. Es war ein trauriges Gespräch und die vierte Kerze brannte am Adventskranz, als wir das stille Haus verließen.

„Wie war es?“, wollte Mutter wissen.

„Gut. Die Oma ist lieb!“, sagte ich.

„Wie euer Vadder!“, erwiderte Mutter traurig.

„Und die Oma Marijke?“, fragte Christel.

„Die ist anders!“

„Wie?“

„Sie meint es nicht so!“

Zu Hause brannte Licht in der Küche. Oma Marijke hatte eine alte Laubsägearbeit vom Speicher geholt. Daran brachte sie Pfeffernüsse, Schokoringe, Lebkuchenteile und Mörtel aus Zuckerguss an. Aus Zuckerwatte war der Schnee, und die Kanten des Hausdaches bestanden aus festem Mandelspekulatius mit Zuckerguss. Ein Hexenhaus!

Weihnachtskatastrophen

Frisch geschlagen war der Baum. Nicht aus dem Lenneberg-wald oder dem Vorholz stammte er her. Dieser Baum hatte im Soonwald, unterhalb des Erbeskopfes gewurzelt. Eine ranke Nordmanntanne, die Vater eben mühsam über die schmale Treppe in die „gut Stubb" befördert hatte. Grünglänzend verströmte sie frischen Tannenduft. Staunend standen wir Kinder um sie herum. Vater war den Christbaumständer vom Speicher holen gegangen und musste jetzt feststellen, dass daran die Schrauben eingerostet waren. Das Jahr über hatte er in der Speicherecke gestanden, wo durch lose Dachsparren Feuchtigkeit eingedrungen war.

Die Nordmanntanne lehnte schlaff in der Stubenecke, während Vater mit leichten Hammerschlägen gegen das Gewinde versuchte, die Schrauben am Christbaumständer zu lockern. Es gelang ihm nicht.

In das Weihnachtsliedergedudel aus dem Radio mischte sich Vaters leises Fluchen. Da war er bis nach Schwollen gefahren, um direkt beim Förster im Wald den Weihnachtsbaum zu kaufen – und jetzt! Na ja, ein kleines Waldfest hatte es auch gegeben, mit Wacholderschnaps und Spießbraten. Mutter hatte das Lenkrad auf der Rückfahrt übernehmen müssen.

Erika sagte, es gäbe doch die große Bodenvase im Flur. Wenn man sie mit Sand und Erde füllen würde, hätte der Baum einen guten Stand.

„De Christbaum in de Blummevas!", maulte Vater und ging dann doch die Vase holen.

Bald steckte die Nordmanntanne im Sand einer großen Bodenvase, welche im Herbst die Sonnenblumen beherbergt hatte. „Geht jo!", meinte Vater.

In der Küche hatte sich unterdessen auch ein Malheur ereignet. Der Puderzucker für den Christstollen fehlte, was eine Perfektionistin wie unsere Mutter in eine mittlere Verzweiflung treiben konnte. Jetzt war guter Rat teuer.

„So en Geschiss wege dem Zuckerzeug", sagte Ingrid.

„Du hosch nit stunnelang fer so ebbes in die Küch gestanne!", erwiderte Mutter auf den prächtigen Christstollen zeigend.

„Ach, der schmeckt aach so, Mama!", meinte ich.

„Nix, der sieht aus wie ne nackisch Wutz!"

Nichts konnte sie beruhigen, überfordert wie sie war vor diesen Tagen, die sich Festtage nannten – und sie nicht aus der Küche kommen lassen würden. Es war dann die Oma, die ihr sagte, sie solle normalen Zucker in der Kaffeemühle zu Pulver mahlen. Mutter musste sehr verzweifelt gewesen sein, sonst hätte sie Oma Thereses Ratschlag nicht angenommen.

In der „gut Stubb" war unterdessen die Nordmanntanne in der Bodenvase ins Kippen geraten. Vater schimpfte, Kinder hätten nichts im Weihnachtszimmer zu suchen. Gleich darauf begann er den Tannenbaum mit einer feinen Nylonschnur an der Gardinenleiste festzubinden.

„Hält der aach?", fragte Lydia.

„Warum nit?"

„Ich meen, wenn die Kugele dran hänge!"

„Was soll das ausmache?"

„Dann fällt er um!"

„Raus!"

In der Küche mahlte Mutter in der Kaffeemühle den Zucker, der aber hartnäckig auf seine kristalline Konsistenz bestand. Dann erwischte sie unseren kleinen Bruder Bernhard, wie er mit dem Finger über den Stollen strich und diesen ableckte. „Raus!“, befahl jetzt auch sie.

Wir, Ingrid, Lydia, Bernhard und ich, liefen zur Oma in die Kammer nebenan. Eine mollige Wärme ging vom Ofen aus und Oma las ein Weihnachtsgedicht vor. „Marien Kind im Stalle, weint im kalten Wind …“ Ihre Stimme klang gebrochen. Ich glaubte, sie war sehr alt.

Aus der „gut Stubb“ war wieder lautes Fluchen zu hören: „Mist, alles Mist!“

„Was is en wieder!“, erkundigte sich die Mutter.

„Die Kerzen!“ Vater hat feststellen müssen, dass die Kerzen für die Halter zu dünn waren.

„Wer hot en die gekaaft?“, begann er sein Verhör.

„Ich nit!“, erwiderte Mutter herausfordernd, die, wenn sie für den Weihnachtsbaum zuständig gewesen wäre, gewiss schon einen Nervenzusammenbruch gehabt hätte.

„Awwer …!“

„Die sin vum Vorjahr iwwerrisch gebliewe, Robert!“

„Un jetzt?“

„Iwwerleg dir ebbes! Ich hab in de Küch zu duun!“

Vater hatte kürzlich neue Kerzenhalter besorgt, weil im vergangenen Jahr einige nicht recht hatten halten wollen, was brenzlig geworden war, als die Kerzenflammen sich den Tannenspitzen näherten.

„Nemm doch Büroleim, Vadder!“, riet Erika, die große Schwester.

„Leim?“

„Jo, der fer die Pakete!“

Wortlos verließ Vater die „Gut Stubb“ und kehrte nach einer Weile mit einer Dose Leim zurück. Damit bestrich er die Kerzenenden und drückte sie in die Halter.

Endlich stand die stolze Nordmanntanne aus dem Soonwald mit Glocken, Strohsternen, Engelshaar und Lametta behangen in der „gut Stubb“, wo es stark nach Leim roch. Die Bescherung war gerettet – und was wäre Weihnachten ohne die kleinen Katastrophen? Überhaupt ist der Weihnachtsfrieden ein flüchtiger Geselle …

Heiligabend

Selten spielte der Winter mit. Weiße Weihnacht blieb oft ein uneingelöstes Versprechen.

An Heiligabend war Besinnlichkeit angesagt. Familienfest mit Bescherung unterm festlich geschmückten Weihnachtsbaum. Bis sich aber an Heiligabend die Familie in der Stube vor dem Weihnachtsbaum versammelt hatte und die Geschenke ausgepackt waren, konnte einiges geschehen. Viele Fallstricke lauerten – durchhalten und überstehen lautete manchmal die Weihnachtsbotschaft.

„Christkinnercher“ wurden die Geschenke zu Heiligabend in früheren Jahren genannt. Heute ist dieser Begriff kaum noch bekannt. Puppenstube, Kaufladen, Burg mit Zinnsoldaten waren jene Geschenke, die jedes Jahr unterm Weihnachtsbaum auftauchten – immer ein wenig aufpoliert – und sie verschwanden spätestens wieder am Dreikönigstag. Einmal

Die Burg mit den Zinnsoldaten tauchte jedes Jahr wieder unterm Weihnachtsbaum auf.

stand auch ein neuer Schlitten da, aber es fehlte der Schnee in jenem Winter, die Kinderpost war heiß begehrt, doch durch allzu eifriges Stempeln rasch ruiniert.

In katholischen Familien war es üblich, die Christmette um Mitternacht zu besuchen. Um den langen Abend durchhalten zu können, mussten die Kinder häufig am Nachmittag „vorschlafen". Es hatte etwas trotzig Verwegenes, zu solch später Stunde zu einer entfernten Kapelle zu wandern. Beliebt war es nämlich in den katholischen Enklaven Rheinhessens, die Christmette an einem ganz besonderen Ort zu besuchen, der nicht unbedingt die Pfarrkirche sein musste. So zog die Rochuskapelle auf dem Rochusberg bei Bingen Scharen von Menschen zur Christmette an. Das warme Licht in der eiskalten Kirche besaß einen zauberhaften Reiz, Hochgefühl und Wehmut lagen tröstlich beieinander, weswegen sich auch manch lässiger Kirchgänger die Christmette nicht entgehen ließ.

„In dulci jubilo nun singet und seid froh. Unsers Herzens Wonne liegt in praesepio und leuchtet als die Sonne matris in gremio. Alpha es et O!“ Ein langer Gottesdienst war es. Die geschmückte Krippe und die späte Stunde im Glanz der Kerzen, Orgelklang und Weihrauchduft bildeten den feierlichen Abschluss der „Heiligen Nacht“, die eigentlich schon der erste Weihnachtstag war.

Damals bei uns daheim ...

Es ist schon duster in der Küche. Ich schalte das Licht an. Drüben in der Stube schmücken Oma und Opa den Baum. Bisher hat es noch nicht gekracht, was ein Wunder ist, denn Oma ist auf Krawall aus. Ich spüre das.

Jetzt ist es soweit. Die Stubentür fliegt auf und Opa rennt an mir vorbei. „Mach doch niwwer zu deiner Schnepp!“, schreit Oma ihm hinterher.

Ich kenne das. Wenn es weihnachtet, geht mit denen der Gaul durch. Mich lassen sie in Ruhe, denn ich bleibe ein armes Kind für sie. Meine Eltern sind tot. Mit dem Kohlenauto sind sie draußen auf der Chaussee gegen einen Baum gefahren. Ich hatte noch keinen Zahn im Mund, als es passierte. So bin ich zu Opa und Oma gekommen.

Opa hat eine Kohlenhandlung. Drüben im Hof liegen Eierbriketts in großen Haufen rum. Sie glänzen so fettig, auch heute, wo kaum eine Unze Licht vorhanden ist. Unten schlägt jetzt die Haustür zu. Opa ist weg und Oma schreit nach Heidi. Sie soll ihr helfen, den Baum zu schmücken: „Weil der faul

Sack lieber poussiere geht. Selbst heit an Heiligabend kann der Massik es nit sein losse!“

Heidi hat sich feingemacht. Ein Kleid mit Petticoat trägt sie und ihre Lippen sind rot angemalt. Sie ist meine Tante. Die Jüngste von Oma und Opa. Meine Mutter war die Älteste. Dazwischen gibt es noch die Inge. Sie ist auf dem Katasteramt.

„Wie siehst en du aus? Is doch kee Fassenacht heit. Do nemm de Waschlappe un putz dich ab!“, schreit Oma die Heidi an. Heidi lächelt zuckersüß: „Brauchst de mich, oder brauchst de mich nit?“

„Do her zu mir. Setz die Spitz dem krumme Stecke uff. Ich komm do nit hoch!“

„Reck dich, streck dich!“

„Blöd Kuh! Eh, was gibt es en do zu spitzele, Gabi?“ Oma wirft mir die Tür vor der Nase zu.

Vom Küchenfenster aus kann ich runter in den Reil sehen. Das Schmutzwasser ist festgefroren. Im Sommer glitschen da die Schnecken herum. Heidi sagt, das sei wie in dem Mietshaus in Mainz, wo ihr Horst wohnen würde. Aber wir sind hier auf dem Land. Drüben kann ich die Kuppe vom Petersberg sehen. Ich bin nicht aufgeregt. Nein, dafür bin ich schon zu alt. Und an das Christkind glaube ich ewig schon nicht mehr. Früher habe ich mir ein wunderschönes Kind mit langen, blonden Locken vorgestellt, das die Geschenke bringt. Aber dann habe ich einmal die Oma gesehen, wie sie die Schildkrötpuppe in die Stube gebracht hat. Da war es aus mit dem Christkind!

Wenn ich Pech habe, bekomme ich heute einen kratzigen Bademantel geschenkt. Ich habe so ein Ding entdeckt zwischen Omas Hüfthaltern in der Truhe. Dabei habe ich mir ein Na-

Hurra, es hat geschneit – Weihnachten im Schnee.

gelpflegeetui gewünscht. Das haben sie jetzt alle in meiner Schulklasse.

Mir ist so was von langweilig! Ich ziehe die Kiste mit den Kastanien unter der Eckbank hervor. Aber sie sind schon so verschrumpelt, dass es sich nicht mehr lohnen wird, ihnen noch Streichholzbeinchen anzustecken. Was soll ich nur tun?

Opa sitzt jetzt gewiss gemütlich bei der Frau Lamb in der Hintergasse und isst deren Käsekuchen auf. Der schmeckt wirklich gut. Manchmal habe ich Opa begleiten dürfen. Gestern brachte er ihr auch einen Weihnachtsbaum. Ich habe ihm geholfen, ihn die Treppe hochzutragen. Frau Lamb hat sich sehr gefreut. Einmal hat Opa gesagt, die Frau Lamb verstehe ihn besser als die Oma. Er könne mit all seinen Sorgen zu ihr kommen. Ja, dachte ich, sie ist viel netter als die Oma.

Ich zünde die letzte Kerze am Adventskranz an. Wenn ich die Nadeln an die Flamme halte, knistert es. Gerade lodert die Flamme an so einem Fichtennadelzweig empor, da haut mir die Oma mit der flachen Hand in den Nacken rein. „Willsch de die Bud abfackele?“, schreit sie und spuckt die Kerzenflamme aus. In diesem Moment kommt Inge herein. Das ist meine Lieblingstante. Von ihr habe ich mir „Puckis erster Schritt ins Leben“ gewünscht. Sie schenkt mir immer Bücher, weil sie will, dass ich viel lese. Inge beruhigt Oma, sagt zu ihr, es sei schon spät, und wir sollten losgehen. Heidi könne den Baum allein schmücken. Oma wirft daraufhin ihre Kittelschürze ab und geht in ihre Schlafstube hinauf. Wir hören sie da rumoren. Es ist direkt über uns.

„Bin ich froh, wenn der ganze Zinnober vorbei is un ich den Horst wiederseh!“, seufzt Heidi.

„Lass das die Mama nit höre“, mahnt Inge.

Heidi beißt sich auf die Lippe und schmollt. Sie ist Verkäuferin bei Textil Loog und Horst Handelsvertreter für Trikotagen. Aber er hat schon eine Frau und deswegen darf Oma nichts davon wissen. Sie kommt eben in einem schwarzen Kleid mit weißen Spitzenkragen zur Küchentür herein. Inge lobt ihr properes Aussehen. „Fer was un fer wen!“, klagt Oma, „dem is doch schnuppe, wie ich ausseh. Der guckt doch nimmer hin!“ Inge lächelt sanft, sie hat diese Madonnenseligkeit, die immer leicht undurchschaubar bleibt.

Wir ziehen unsere Mäntel an, Oma wischt mir mit ihrer Spucke über den Mund. Ich krümme mich zusammen. Es hilft aber nichts. Draußen im Hof schlägt mir die Kälte ins

Gesicht. In der Gasse ist es ganz still und beinahe Nacht. Die Hoftore sind geschlossen, nur die Hunde bellen ins Glockengeläut hinein. Oma stapft uns voraus. Inge hat so einen Trippelschritt, weil das vornehmer erscheint und ich fürchte mir die Finger zu erfrieren, habe ich doch vergessen meine Handschuhe anzuziehen.

Zuerst werden jetzt die Toten beschert, dann kommen die Großtanten dran und zuletzt ist die Bescherung bei uns zu Hause. Danach essen wir Kartoffelsalat und gehen um zehn Uhr in die Kirche, wie in jedem Jahr. Grablichter leuchten über den ganzen Friedhof hin. Etwas kratzt im Gebüsch. Ich schrecke zusammen. Oma sagt, ich solle mich nicht so anstellen, ich sei doch kein kleines Kind mehr. Am Grab meiner Eltern stellen wir ein Grablicht in die Laterne. Wir schlagen alle drei ein Kreuz. Der Sand knirscht unter unseren Füßen. Sieben Gräber sind abzugehen und überall muss ein Grablicht hin. Neben dem Kompost ist das Nolle Grab, was Omas Leute sind. Ihre Eltern liegen da begraben und ein gefallener Bruder hat eine Grabplatte dort. Der würde aber nicht darin liegen, hat mir Heidi verraten. Oma versucht eine Kerze anzuzünden, aber sie will nicht brennen bleiben in der feuchten Luft. Als sie gerade wieder zu fluchen anfangen will, sagt Inge: „Mama, mir sin nit dehääm!“ Das Grab von Uroma Mayer liegt an der Mauer. Sie sei da allein drin, weil sie keinen Mann gehabt habe. „Das Schinoos hat es faustdick hinner de Ohre gehabt“, mault Oma. Keine Anstalten zeigt sie ein Grablicht aufzustellen. Sie schaut einfach über das Grab hinweg. Inge macht es dann und ein Vaterunser legt sie noch drauf. Es folgen die Gräber von Onkel Franz, der Tante Maria, und das „vum Liesche“, die ein angenommenes Kind gewesen ist, das etwas Schlimmes angestellt haben soll. Es ist daran gestorben. Darüber reden darf man nicht.

In der Nähe vom Brunnen ist die Oxana, die Ukrainerin beerdigt. Sie war auf dem Acker vom Blitz getroffen worden. Die Nolls hätten sie in den Tod geschickt, hatte Tante Gretel behauptet, als sie noch bei Verstand gewesen ist. „Schwolleköpf sin das. Den Hals hawwe se nit vollgekriegt, awwer dann hot de August alles verjubelt." August war Omas Bruder. Oma hat sein Grab einebnen lassen. Wie das geht, weiß ich nicht. Nur hinterher war es nicht mehr da. Gleich haben wir alle Grablichter verteilt. Vorne am Ausgang ist noch ein Kindergrab. Da ist meine letzte Tante beerdigt. Sie kam noch nach Heidi auf die Welt. Oma sagt: „Do liegt mei Herzblut begrabe!"

Halb erfroren bin ich schon und drüben in der Kirche stimmt sich der Lehrer an der Orgel ein. Bei der Christmette muss jeder Ton sitzen, sonst ist es nicht feierlich. Die Nacht hat uns eingeholt. Nun sind die Tanten dran. Luise und die Gretel, die Omas Schwägerinnen sind, wohnen in dem Haus am Bach. Über krummes Pflaster betreten wir den Hof, in dem sich das Haus versteckt. Ich fürchte mich etwas, weil die Gretel verrückt geworden ist. Heute schreit sie aber nicht. Luise hat ihr etwas in den Kaffee eingerührt. Wir werden im Treppenhaus von ihr abgefangen, weil sie nicht will, dass wir mit schmutzigen Schuhen in die Stube eintreten. Eine Sammeltasse bekomme ich von Luise geschenkt. Oma schlürft ein Gläschen Eierlikör, doch Inge bleibt standhaft. Luise hat keinen Christbaum aufgestellt, weil es sich nicht lohne für sie allein, meint sie.

Im Wäschgässche wartet Hedwig, Omas Schwester, auf uns. In der Weinbrennerei hat sie im Büro gearbeitet und ist heimlich in ihren Chef verliebt gewesen. Der hat das aber nicht gemerkt. Vor kurzem ist er „verschieden". Hedwig trägt seitdem Schwarz. Oma billigt das nicht. Wir müssen uns vor Hedwigs

Christbaum aufstellen und „Ihr Kinderlein kommet“ singen. Oma brummt mit. Hedwig lächelt glückselig. Sie hat sich eine Ente gebraten und dabei vom Cherry genascht. Ich bekomme zwei Bettwäschegarnituren von ihr – für meine Aussteuer!

Als wir das enge Häuschen verlassen, beginnt es zu schneien. Der Schnee stäubt durch die Luft. In der Gasse bleibt er liegen wie feiner Staub. Ich freue mich. Weiße Weihnacht! Das ist wie bei Peter Rosegger. Doch bei ihm sind alle Menschen zufrieden und freundlich zueinander. Kein Opa läuft zu seinem „Mensch“ und keine Oma flucht. Da feiern sogar die Tiere im Stall mit Weihnachten und bei Tante Hedwig schmort die Ente im Cherrysaft.

Oma stapft vor uns her. Sie schimpft über den Schnee. Sauwetter sei das. Überhaupt rennt außer uns keiner rum. Oma droht in die Hintergasse rein: „Do hockt er bei seiner Mutzenbacherin, Inge!“

„Die heeßt awwer Lamb!“, melde ich mich.

„Was weeßt du schunn, dumm Nuss!“

Zu Tante Angie kommen wir zu spät. Sie macht uns erst gar nicht auf. Guckt aus dem Oberstübchen raus und kichert zu uns runter. Sie hat vor lauter Gefühligkeit zu tief ins Glas geguckt. Ich fühle wie die Nässe durch ein Loch im Schuh eindringt. Es beißt sich die Kälte fest. Zum Glück sind wir gleich daheim. Kaum sitzen wir am Küchenherd, um uns etwas aufzuwärmen, hören wir ein Getrampel vom Flur her. Es geht die Tür auf und Opa steht im Lampenschein – gerade in dem Moment als Oma nach der Feuerzange greift. Wie ein Kriegsbeil hält sie diese in der Hand. Opa schwenkt zu ihr hin und tätschelt ihre Wange. Alles ist gut! Er lobt den Baum und Oma fragt ihn, ob die Frau Lamb auch einen so schönen Baum habe.

„Nee“, sagt Opa, „der fehlt de Sinn dodefer!“

Und ob ihre Plätzchen geschmeckt hätten, will sie noch wissen.

„Nee, hart wie Backsteen!“

„Un is se sonst nett gewese?“

„Iwwerhaupt nit, Emma! Sie hot mir nit emol en Schnaps angebote!“

Ich zwinkere Opa zu. Er übersieht es.

Heidi hat ihre Schmollbude verlassen. Schaurig schöne Augen hat sie sich geschminkt – und geraucht hat sie auch. Inge rührt den Kartoffelsalat an. Schneidet noch ein paar Zwiebeln dazu. Jetzt laufen ihr die Tränen. Richtige Priele bilden sie auf ihren Wangen.

Das Glöckchen klingelt. Wir treten in die Stube ein. Die Kerzen flackern am Baum und unterm Tisch steht der Putzeimer voll mit Wasser – für alle Fälle. Opa zündet die Wunderkerzen am Baum an. Es blitzt und zischt, und es bleibt ein wunderlicher Rauch in der Stube zurück. Ich schaue zum Krippchen hin. Die Drei Könige sind noch auf dem Weg. Opa beginnt die Geschenke auszuteilen: Oma bekommt eine silberne Eidechsenbrosche geschenkt. Heidi drei Silbersuppenlöffel, Inge eine Tischdecke und ich – den Bademantel. Oma sagt: „Domit de nit immer blaue Lippe im Schwimmbad kriege duust!“ Inge schenkt mir drei „Pucki“-Bände.

Vor dem Fenster fallen Flocken, wirbeln, tanzen. Alles ist weiß, auch die Kohlenhaufen tragen ein Häubchen. Es ist so still in der Nacht draußen.

So ist es gewesen. Damals bei uns daheim.

Weihnachten auf dem Lande

„Es war schon recht dunkel draußen, als mein Vater aus den Ställen kam, wo er mit der Mutter, den Knechten und der Magd die Fütterung des Viehs beendet hatte. Er kam in die Küche, wo ich mich gewöhnlich während der Fütterungszeit aufhielt und meiner Oma beim Abendessenkochen zusah. Er tauschte mit ihr einen Blick des Einverständnisses und sagte zu mir: ‚Komm, Kind, wir gehen noch ein wenig die Neugasse runter bis das Christkind mit der Bescherung fertig ist!‘ Ich war neun Jahre alt und wusste längst, dass die Eltern und die Oma bescherten. Aber das minderte meine Freude nicht.

Im Jahre 1938 war der Winter früh ausgebrochen. Etwa ab 17. Dezember wurde es sehr kalt. Als ich mit meinem Vater die Gasse hinunterging, schnitt uns die Kälte ins Gesicht und am Himmel flimmerten die Sterne wie Wunderkerzen. Und dann begann es zu schneien. Es war der erste Schnee in diesem Jahr. Während mein Vater und ich wegen der Kälte von einem Fuß auf den anderen traten, sah ich zum Himmel hoch. Die Schneeflocken fielen so dicht und wirbelten durcheinander, dass es aussah, als hätten sie es eilig auf die Erde zu kommen und würden sich gegenseitig antreiben.

Wie in jedem Jahr stand der Weihnachtsbaum im Wohnzimmer auf dem schönen ovalen Nussbaumtisch. Der Baum war mit Glaskugeln, Glöckchen, Vögelchen, Engelshaar und Lametta geschmückt. Ich kannte jedes einzelne Stück des Baumschmuckes. Die bunten, gedrehten Wachskerzen brannten hell und in der Luft hing ein unverwechselbarer Geruch. So roch es nur zu Weihnachten.

Neben dem Weihnachtsbaum stand auf einem niederen gezimmerten Tischchen eine Puppenküche. Sie war nach der damaligen Mode mit weißen Schleiflackmöbeln ausgestattet. In der rechten Ecke der Puppenküche befand sich ein niedliches Spiritusherdchen mit blinkenden, verchromten Töpfchen darauf.

Aber das war noch nicht alles! Unter dem Nussbaumtisch guckte ein großer, grauer Pappkarton hervor. Ich hob erwartungsvoll den Deckel hoch und sah eine blondgelockte Puppe mit blauen Schlafaugen und rosigem Gesichtchen. Sie trug ein himmelblaues Organzakleidchen mit weißen Spitzenkragen. Auf der Schachtel stand ihr Name: Elfe!

Ich kannte Weihnachten eigentlich nur als einfaches Fest. Es gab Waldböckelheimer Lebkuchen, selbstgebackene Plätzchen und die alten Spielsachen vom vergangenen Jahr.

So viele neue Spielsachen hatte ich noch nie bekommen."

„Bündelchestag“ …

… so wurde der Tag nach Weihnachten (27. Dezember) genannt, an dem traditionell der Dienstbotenwechsel stattfand. Die Knechte packten bereits am Nachmittag des zweiten Feiertags ihre „Bündel“, um die Stellung zu wechseln. Den Mägden blieb der drauffolgende Tag vorbehalten.

Bei Wilhelm Hoffmann (1865–1942), rheinhessischer Volkskundler, heißt es: „Kein Kind, kein Erwachsener würde sich an ihm (27. Dezember) in Werktagskleidung blicken lassen. Insbesondere kommt die Jugend, die Dienstboten zumal, zusammen und es wird dabei tapfer dem Bacchus gehuldigt; insbesondere ist auch der Glühwein beliebt.“

Der Brauch verschwand mit der gesellschaftlichen Entwicklung in der Landwirtschaft, so nahm seit den Dreißigerjahren die Anzahl der Dienstbotenverhältnisse auf dem Lande rapide ab.

Heute dient der „Bündelchestag“ mancherorts der Brauchtumspflege. So ziehen fröhliche Wandergruppen, mit oder ohne Bollerwagen, über die Wiesberghöhen oder durch die Talauen der Selz.

Zwischen den Jahren bis Silvester

Die Nächte von Weihnachten bis zum Dreikönigstag wurden im Volksglauben auch Rauch- oder Raunächte genannt.

In der dunkelsten Zeit des Jahres gelegen, waren sie mit allerlei Aberglauben belegt. So sollte in den Raunächten der „wilde Jäger“ mit seinem wütenden Heer unterwegs sein und die Seelen der Verstorbenen umherstreifen.

Noch in den 50er-Jahren konnte man in ländlichen Regionen Rheinhessens hören, dass zwischen Weihnachten und Neujahr auf die „große Wäsche“ verzichtet werden müsse, da sonst ein Mitglied der Familie sterben würde. Auch sei zu vermeiden unter einer Wäscheleine hindurchzugehen, weil dies Unglück im neuen Jahr bringen könnte.

Wie würde wohl heute, in Zeiten von Waschmaschine und Wäschetrockner, die Losung lauten?

Doch jenseits allen Aberglaubens bedeutete die Zeit vor allem Ruhe und Ausruhen. Die Besinnlichkeit, die im Trubel der Festtage oft abhandengekommen war, ließ und lässt sich in den stillen Wintertagen „zwischen den Jahren“ wiederfinden.

Auch früher haben die Menschen in Rheinhessen das neue Jahr mit einer Feier begrüßt. Lärmen und Schießen gehörten neben Essen und Trinken zur Neujahrsnacht – und um Mitternacht läuteten die Kirchenglocken.

Der Brauch in der Neujahrsnacht die Obstbäume mit einem Strohseil zu umbinden, damit sie im neuen Jahr guten Ertrag bringen würden, ging leider verloren. Heute ist es wie überall, Partystimmung oder Zurückhaltung, Brillantfeuerwerke vom Hausbalkon oder Verzicht auf Raketen, Kracher und Böller.

Das neue Jahr kommt oft mit guten Vorsätzen daher – die meist doch nicht eingehalten werden. Einst sollten an Silvester das Stricken und Häkeln unterlassen werden, da die Handarbeit sonst von den Mäusen gefressen werden würde. Was sich die Mäuse wohl heute holen, bevor sie in die Lebendfalle tappen werden?

„Kappes" und „Uzkarten"

Etwas verschroben wirkten sie schon, Oskar und seine Frau Anna. In der Frühe schlichen beide gern in den Keller und füllten ihre Milchkannen mit Wein. Gewaltige Trinker waren beide. Nebeneinander werkelten sie vor sich hin, ohne Erfolg zu erwarten.

Der Hof war in der Dorfmitte gelegen. Ein ansehnliches Anwesen mit edlem Interieur, wie der weit geschwungenen, freitragenden Eichentreppe. Auf den breiten Stufen lauerten die Katzen vor ihren Milchnäpfen – scheue, misstrauische Kreaturen.

Kinderlieb war das kinderlose Paar. Gern strichen die Nachbarskinder durch das Gehöft, durften die Schweine füttern, die Pferde striegeln und vor allem die Katzen auf der schwarzen Treppe streicheln.

Doch die Geschichte von Oskar und Anna gehörte nicht in dieses alte Haus, das schon bessere Tage gesehen hatte. Ein Abglanz von Vornehmheit ging von Oskars Schwester Marie aus. Sie bewohnte die untere Etage des Hauses und harrte mit stolzem Gleichmut in den zunehmend schwieriger werdenden Verhältnissen aus.

Am Neujahrsmorgen drehte Oskar seine Runden im Dorf. Ein glückliches neues Jahr, Gesundheit und ein langes Leben, wünschte er. In vielen Haushalten wurde er bereits erwartet, war er doch als ein guter Unterhalter bekannt. So erinnerte er sich an das Neujahrsessen im Elternhaus, das immer aus Rippchen mit Kraut bestanden hatte. „Jo!“, sagte er, „de Kappes hot iwwerall uff em Neujahrstisch stehe müsse, domit man aach das Jahr iwwer Geld hot!“

Über seine Schwester Marie ließ er einige Bemerkungen fallen. Eigentlich fürchtete er sie, doch in der gelösten Stimmung fremder Stuben, wagte er sich vor. Die Gestrenge hörte es ja nicht. Eine Leidenschaft habe Marie für sich entdeckt. Weihnachtsgrußkarten schicke sie überall hin. Sie habe da viel Freundschaft von ihren Wallfahrten her und auch die Großnichten und Großneffen würde sie bedenken. Oskar lächelte in sich hinein. Und sie erhalte auch Karten. Uzkarten seien es, die mit einem frechen Spruch versehen seien. Das geschehe dem Klafter recht. Er zog eine Karte aus seiner Hosentasche und las vor:

„Prost Neujahr,

de Gockel hot de Schwanz verlore,

das Hinkel hot en gefunne

un en hinne angebunne

Alles Gute.

Es wurde herzlich gelacht und Oskar erklärte treuherzig, er habe die Karte zufällig gefunden.

Wenn er seine Neujahrsrunde beendet hatte, oft war es Abend darüber geworden, taumelte er mit einem ordentlichen Rausch heimwärts, wo ihn seine Anna schon erwartete. Die Milchkanne stand geleert vor ihr auf dem Tisch.

Das neue Jahr nahm seinen Lauf. Der Tag begann mit dem Gang zum Fass im kühlen Keller, während Marie in ihrer Stube nach der silbernen Kaffeekanne griff.

Verschwunden wie die alten Neujahrsbräuche ist der Hof in der Dorfmitte. Nach dem Tod seiner drei Bewohner verfiel das Anwesen. Die fernen Erben wollten es nicht haben, vermieteten es waghalsig an schwierige Leute. Irgendwann stellte der Hof einen Schandfleck im Dorfe dar. Ein Platz mit zwei Bänken und einem Brunnen bieten sich heute in öder Einförmigkeit an.

Dreikönig

Die Könige Casper, Melchior und Balthasar können ihre Existenz nur mit einer kurzen Bemerkung im Evangelium des Matthäus begründen. Einige gelehrte Männer seien gen Bethlehem gezogen – heißt es da. Der Verehrung der Heiligen Drei Könige schadete diese schwache Quellenlage nicht. Seit dem 5. Jahrhundert sind aus den „Weisen aus dem Morgenland“ die „Heiligen Drei Könige“ geworden, denen spätere Legenden auch Namen gaben.

Sie gehören auch heute noch in die Weihnachtsgeschichte und leben in vielen Krippenspielen fort. Die Anschauung, dass einer der drei, meist Melchior, dunkelhäutig gewesen sei, verbreitete sich erst im 14. Jahrhundert. 1164 wurden die Gebeine, der nun schon „Heiligen“ nach Köln verbracht und dort beigesetzt.

Erst sehr langsam stellte sich der Brauch, als König verkleidet von Haus zu Haus zu ziehen, zu singen und zu sammeln in den katholischen Gebieten Rheinhessens ein, wobei er gleichzeitig in den protestantischen Landschaften keine Beachtung fand. Es waren Kinder, die am Dreikönigstag Lieder singend durch den Ort zogen, um sich Gaben zu erheischen. Aus dieser Tradition ist ein kleiner Vers bekannt:

„Ich bin en kleener König
gibt mer nit so wenig
lass mich nit so lang do stehn
ich muss noch e Heisje wieder gehen.“

Im Jahre 1957 startete der Bund der Deutschen Katholischen Jugend die „Aktion Dreikönigssingen“. Seitdem sammeln die kleinen Könige nicht mehr für sich selbst, sondern meist für Kinder in Ländern der Dritten Welt. Dabei setzen sie ihr „CBM“ an den Türsturz oder die Haustür:

Caspar, Melchior, Balthasar

behütet uns auch dies Jahr

vor Feuer und vor Wassergefahr.

Der Dreikönigstag gilt heute auch als das Ende des jährlichen Weihnachtsfestes. An diesem Tag wird der Tannenbaum abgeschmückt und die zwölf Raunächte sind vorbei.

Eisgänge

Im Norden und Osten wird Rheinhessen vom Rhein, im Westen von Nahe und Alsenz begrenzt. Die Südgrenze verläuft entlang der Pfrimm. Spektakulär waren die Eisgänge auf dem Rhein, die oft in einem tückischen Hochwasser endeten.

1929 herrschte über Wochen ein strenger Winter. Der Rhein hatte wenig Wasser und Treibeis staute sich, bedingt durch das enge Flussbett, dem niedrigen Wasserstand und der schwachen Strömung an der scharfen Stromkrümmung vor der Loreley – der Rhein „ging zu“ – und blieb es über den Zeitraum vom 14. Februar bis 4. März 1929.

Es handelte sich nicht um eine glatte Eisfläche wie auf Teichen und Seen üblich, nein, es mussten zuerst Wege durch die Eisgeröllmassen gebahnt werden, um einen Übergang

Es kam auch im letzten Jahrhundert nicht häufig vor, dass der Rhein zufror.

überhaupt zu ermöglichen. Das gewaltige Naturschauspiel wandelte sich zum Volksfest zwischen Eisschollen und Glühweinbuden.

Auch 1941, 1942 und 1947 lag der Rhein für kurze Zeit in Eisfesseln.

Zu Fuß zum Mäuseturm bei Bingen auf dem zugefrorenen Rhein.

1954 stellte sich das Rheineis von Oberwesel bis Mainz. Aus einem Bericht vom 9. Februar 1954 in der Ingelheimer Zeitung ist zu erfahren:

„Seit Samstag vorheriger Woche kann man den zugefrorenen Rhein ohne größere Gefahren begehen. Zwar sind noch hier und da offene Stellen vorhanden, aber diese sind sichtbar, so daß die Vorsichtsmahnungen nicht mehr in so starkem Maße erforderlich sind, wie in der vergangenen Woche. Am letzten Wochenende setzte in dem Rheinort von dem übrigen Ingelheim aus eine wahre Völkerwanderung ein. Alle wollten das seltene Naturschauspiel des eisbärtigen Vater Rheins sehen. Am Sonntagnachmittag war die Rheinstraße schwarz von Menschen. Über hundert Autos parkten an den Uferstraßen. Die SEG hatte einen Pendelverkehr eingerichtet, der laufend stark frequentiert wurde. Auch am gestrigen Montag hielt der starke Besucherstrom noch an. ‚Es ist wie bei der Kerb' sagen die Frei-Weinheimer."

Mit der Zeit haben die Leute, die von einem Ufer zum anderen wechseln, schon einen Pfad in der holprigen Eisfläche ausgetreten, er führt in kleinen Bogen nach Mittelheim, just gerade auf den Distelfink (ein beliebtes Ausflugslokal vor Ort) zu."

1956 wiederholte sich der Eisgang auf dem Rhein: Januar Sonnenschein – bringt viel Korn und guten Wein. Diesmal bewahrheitete sich die alte Bauernregel nicht. Als im März der Rhein und seine Nebenflüsse zufroren, war dies eine üble Überraschung, denn längst hatte man sich an mildere Temperaturen gewöhnt. Bei allem folkloristischen Treiben auf dem zugefrorenen Strom, Küfer bauten nach alter Tradition ein Fass auf dem Eis, zum Biegen der Fassdauben wurde sogar ein Feuer an Ort und Stelle entfacht, zeigte sich nach dem bizarren Spätwinterspuk die Landschaft in einem desolaten Zustand. Die Frostschäden waren enorm. Es war das letzte Mal, dass der Rhein in seiner ganzen Breite zugefroren war.

1963 gab es mit minus 32 Grad am 18. Januar einen Kälterekord. Der Fluss stockte wieder. Eisschollen verkanteten sich auf Höhe der Loreley. Hunderte Schiffe lagen fest. Selbst Eisbrecher schafften es nicht, die Fahrrinne frei zu halten. Am 23. Januar war der Rhein komplett zugefroren. Schließlich wurde das Eis in Höhe der Loreley gesprengt.

Die strengen Frosttage im Winter 1977/78 sowie 1984/85 haben das Rheinwasser nicht zu Eis werden lassen. Salz und Industrieabfälle haben den Fluss aufgewärmt und werden auch der Grund sein, dass sich keine nennenswerten Eisschollen mehr bilden können. So sind sie verschwunden, die Eisgänge auf dem Fluss.

Weitere Bücher aus der Region

Helmut Lehr/Reinhold Schmelz
Mainz gestern und heute
72 S., geb., zahlr. Farb- und S/w-Fotos
ISBN 978-3-8313-2251-0

Heinz Angermüller/Jörg Koch
Nibelungenstadt Worms
Farbbildband
deutsch/english/français
72 S., geb., ca. 100 Farbfotos
ISBN 978-3-8313-1618-2

Jürgen Nolte
Adel in Südhessen
64 S., geb., Großformat,
zahlr. Farbfotos
ISBN 978-3-8313-2296-1

Freizeitführer Südhessen
224 S., Klappenbroschur,
mit zahlr. Farbfotos
ISBN 978-3-8313-2292-3

Wartberg Verlag GmbH & Co. KG
Im Wiesental 1 | 34281 Gudensberg
www.wartberg-verlag.de

Bücher für Deutschlands Städte und Region
Tel. 05603-93050
Fax 05603-930528